Leonardo Lomonaco

EXCEL

La guía completa para convertirse en un experto en Excel 2023 con el método Todo en Uno

Indice de contenidos

Excel nivel básico

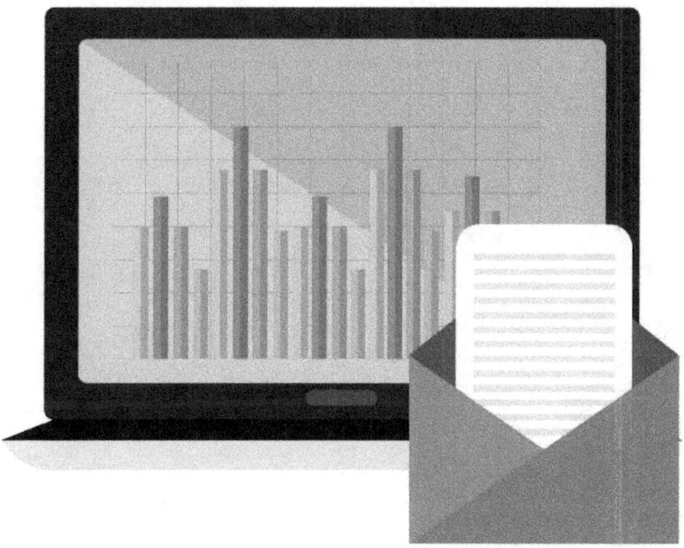

Introducción

Quizá te sorprenda saberlo, pero el programa informático más popular en las oficinas de todo el mundo es una simple tabla. Un cuadro formado por líneas horizontales y verticales, como la cuadrícula de un crucigrama, pero que, a diferencia de éste, no tiene recuadros negros y en él pueden habitar tanto letras como números.

Las líneas verticales se llaman columnas, mientras que las horizontales, filas. Donde se cruzan filas y columnas se forman celdas, que no son más que simples contenedores de datos -letras, números o resultados de operaciones- que dan sentido a nuestro uso de este programa. En resumen, en un nombre Excel.

Esta tabla se denomina más técnicamente hoja de cálculo o, como dicen los americanos, spreadsheet, y nos permite informar de cantidades de datos que podemos sumar o restar o incluso extrapolar para crear gráficos que simplifican la visión, así como la interpretación, de un presupuesto de un vistazo.

Pero, ¿se ha utilizado siempre Excel? Obviamente no, como muestra la historia de la informática, Excel fue la última evolución de una serie de programas que se originaron mucho antes con la intención de cubrir determinadas necesidades de trabajo. El primero fue VICalc, que vio la luz en la primavera de 1979 gracias a dos amigos: Dan Brickman y Bob Frankston. El programa no sólo fue un éxito, sino que dominó el mercado durante unos años, hasta el lanzamiento de Lotus 123 en agosto de 1981.

Lotus le permitía funcionar en ordenadores mucho más potentes, como los IBM Personal Computers, era fácil de usar y, como todas las cosas fáciles y sencillas, tuvo un éxito extraordinario que le permitió durar mucho tiempo. Para su época, también tenía otra ventaja: funcionaba en el entorno textual (es decir, sin las modernas interfaces gráficas a las que estamos acostumbrados hoy en día) típico de las máquinas basadas, por ejemplo, en el tema operativo MS-DOS.

A partir de Lotus, la demanda del mercado de este tipo de software creció lo suficiente como para atraer la atención de la propia Microsoft, que dio a luz a Excel en 1985. Pequeña curiosidad: Excel nació para funcionar en máquinas Macintosh, que eran estructuralmente diferentes del PC, en lugar de trabajar sólo mediante caracteres, lo presentaban todo mediante imágenes. Por lo tanto, Excel sólo se ofrecía en PC cuando estuvo disponible la primera versión de Windows.

A partir de entonces, la pareja Word y Excel creció con fuerza y de forma continuada, hasta el punto de convertirse en estándares en su sector de mercado, y aún hoy siguen siendo los programas más populares en su campo.

Una pequeña nota: dado que se trata de una traducción, la versión de Excel utilizada para escribir este libro es la versión italiana 2023.

1. Crear una nueva hoja de cálculo y guardarla en distintos formatos

Como vimos en nuestra Introducción, la hoja de cálculo se divide en celdas, que son la intersección de las filas (numeradas a la izquierda) y las columnas de la hoja identificadas en la parte superior con una o varias letras del alfabeto.

PERO, ¿qué tamaño tiene una hoja de Excel? Una simple multiplicación puede decírnoslo, sólo necesitamos saber que una sola hoja de cálculo consta de 1.048.576 filas y 16.384 columnas. Por tanto, su producto nos dice que una sola hoja tiene nada menos que 17.000 millones de células. Una cifra que te hará girar la cabeza. Baste decir que si fuéramos lo bastante rápidos para introducir, a razón de un segundo por operación, un carácter en cada celda, tardaríamos 545 años en llenar la hoja.

Una vez iniciado Excel, lo que vemos está representado por la Figura 1.1.

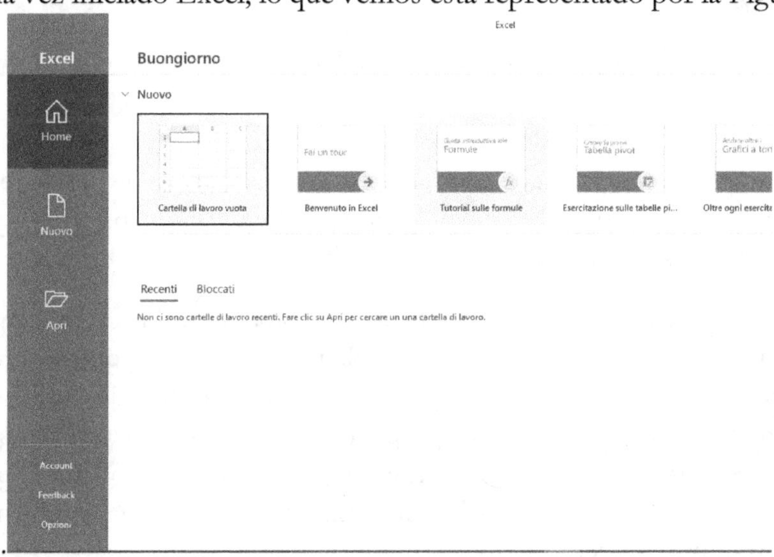

Figura 1.1 Panel de inicio de Excel

Una vez que nos encontremos ante el panel de la Figura 1.1, sólo tenemos que apuntar y hacer clic con el ratón en el icono Nuevo de la columna de la izquierda.

Lo que aparecerá en nuestra pantalla será la Figura 1.2.

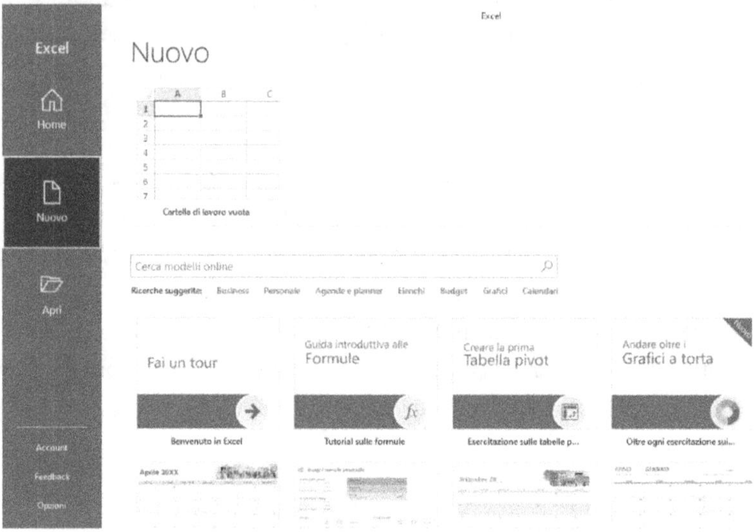

Figura 1.2 Nueva pantalla de comandos.

Aquí simplemente hacemos clic en Vaciar Libro de Trabajo y tendremos nuestra tabla desplegada lista para recibir los datos que necesitamos introducir.

En este panel también encontrará la posibilidad de utilizar o descargar plantillas de Excel. ¿Qué son estas plantillas? Digamos que son una ayuda para iniciar un proyecto. Son libros de trabajo con una estructura propia predefinida que puede ser, según el proyecto, simple o compleja. Suelen ser una valiosa ayuda cuando tenemos que enfrentarnos a proyectos que tienen una estructura similar, ya que nos ahorran mucho tiempo.

Por tanto, cuando lanzamos el comando Nuevo, sabemos que nuestro proyecto, o nuestra idea, puede partir de cero o beneficiarse de una especie de borrador predefinido que, por supuesto, podemos modificar a voluntad.

Una vez creada nuestra hoja de cálculo e introducidos los datos, necesitamos poder guardarla para reutilizarla o actualizarla continuamente. Aquí es donde entra en juego el comando Guardar en toda su importancia.

Una vez que hayamos completado nuestra hoja, sólo tenemos que situar el ratón en la esquina superior izquierda y hacer clic en Archivo para que aparezca la siguiente pantalla. También puede seleccionar el icono del disquete situado encima de la casilla que identifica la celda

en la que está trabajando.

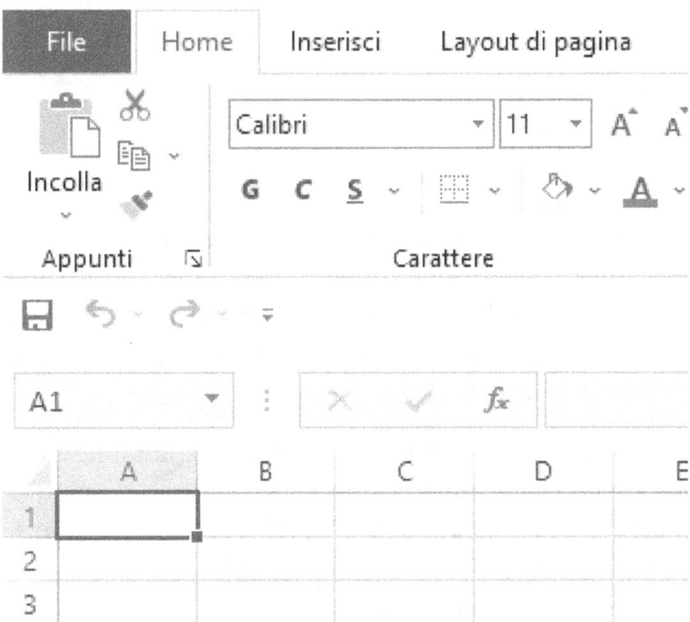

Figura 1.3 Guardar pantalla

Aquí nos enfrentamos a tres opciones.

Guardar: Nos permite guardar directamente nuestra carpeta de trabajo confirmando el nombre que hemos elegido y la ubicación donde hemos decidido guardar nuestra carpeta. Si es la primera vez que lo ejecutamos, el comando nos preguntará dónde y con qué nombre guardar nuestro archivo.

Guardar como: nos permite guardar nuestro archivo con un nombre distinto al preestablecido y seleccionar el directorio en el que colocarlo. También es el comando que se utiliza cuando no estamos seguros de los cambios realizados en una hoja y preferimos guardarlos con otro nombre, creando así una copia.

Guardar como Adobe PDF: permite guardar nuestro proyecto como un archivo PDF para que pueda ser visualizado por quienes no dispongan de Excel en su ordenador. Este artículo sólo estará disponible si su ordenador tiene instalado Adobe Acrobat Pro, la famosa suite de Adobe diseñada para crear y editar archivos PDF.

Cuando guardamos nuestro archivo, Excel nos proporciona una larga lista de formatos en los que almacenarlo en nuestro ordenador. La extensión predeterminada para guardar archivos en Excel es *.xlsx.

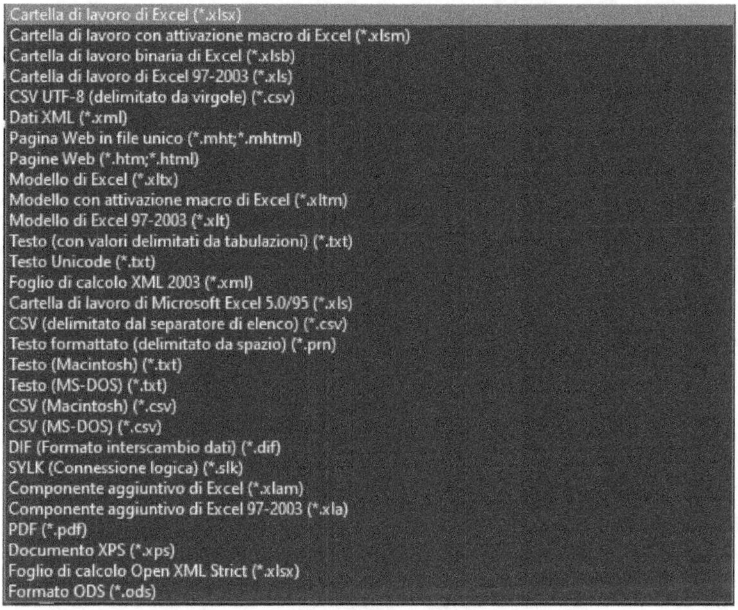

Figura 1.3.1 Guardar como

Si selecciona Guardar como Adobe PDF, obtendrá la siguiente pantalla de la Figura 1.4, que le permitirá guardar su archivo en formato PDF con todas las precauciones necesarias.

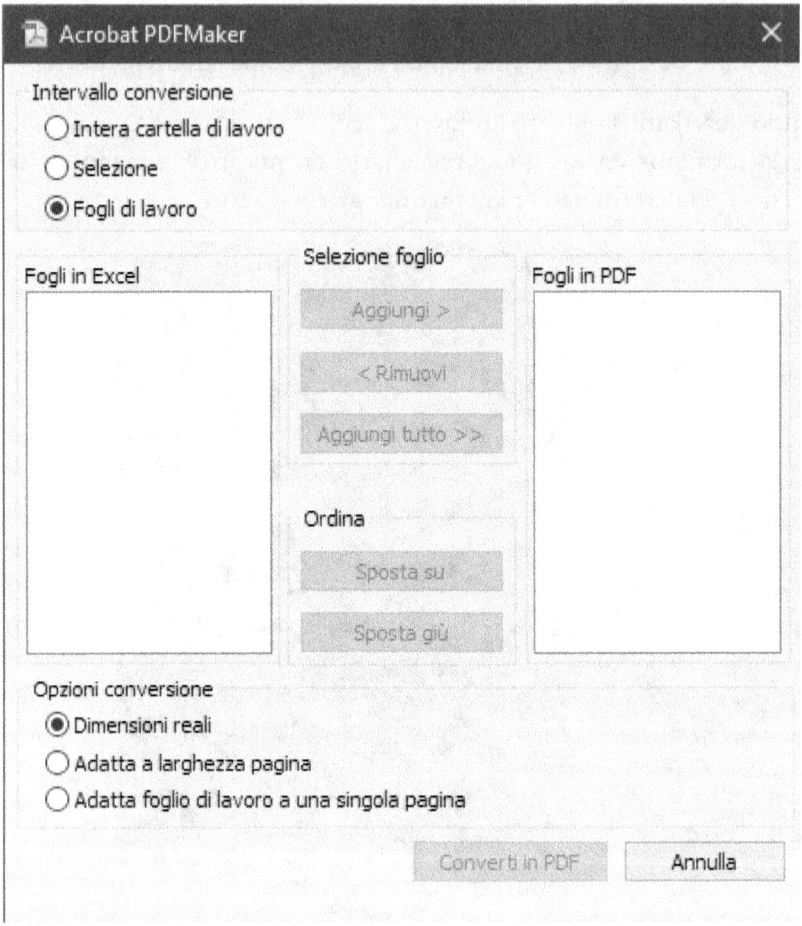

Figura 1.4 Guardar como Adobe PDF

Una de las funciones más interesantes es la que permite encajar toda la hoja de cálculo en una sola página. Una función muy cómoda, pero recuerda siempre que si tu hoja es especialmente rica en valores, leerla en una hoja A4 puede resultar difícil.

2. Personalizar el entorno de trabajo con la gestión de la barra de herramientas

A partir de la versión de Excel 2007, Microsoft introdujo la barra de cinta - ribbon en el idioma original - que se extiende verticalmente, reduciendo así el espacio disponible para la ventana del documento. En esta barra se encuentran todas las opciones de los distintos comandos, desde Inicio hasta ¿Qué quieres hacer? El comando Adobe sólo se encuentra después de instalar el software Adobe

Acrobat Pro.

Figura 2.1 Barra Excel

Si el tamaño de la barra multifunción nos resulta algo intrusivo, podemos simplemente seleccionar con un clic del ratón el icono de vértice angular que indica la parte superior, situado al final de nuestra barra multifunción hacia la derecha. Si, por el contrario, tenemos prisa, podemos utilizar un truco empleado por los expertos en la materia y denominado atajos de teclado, es decir, iniciar un comando seleccionando sólo una sencilla combinación de teclas. En este caso, la combinación que nos interesa es Ctrl+F1.

Si seleccionas cualquiera de las secciones de nuestra barra multifunción, basta con deslizar el ratón sobre cualquier elemento para que aparezca un recuadro explicativo de la función del elemento seleccionado. Se trata de una opción muy útil si tiene dudas sobre a qué corresponde exactamente el icono de una barra.

La última barra que aparece en la banda superior, y por debajo de la barra multifunción, es la barra de fórmula. No se puede minimizar pero puede ampliarse pulsando el botón del extremo derecho en forma de punta de flecha hacia abajo.

Es importante tener en cuenta que en esta barra sólo se escribe y aparece una fórmula, por ejemplo (=A1+A2), mientras que el resultado de esta fórmula será visible en la celda. En su parte izquierda aparece un botón con el símbolo matemático de la función ∫x. Un clic en este botón nos permite iniciar un procedimiento para introducir una de las muchas funciones disponibles en Excel. Al principio de nuestra barra de fórmulas hay un cuadro llamado Cuadro de Nombre.

Aquí aparece el nombre de la celda seleccionada dentro de la hoja de cálculo. El nombre, por tanto, viene definido por las coordenadas, por ejemplo A1 o C34, y también es posible escribir un nombre conveniente, como el intervalo entre varias celdas después de seleccionarlas.

El Cuadro de Nombre también puede utilizarse para desplazarse más fácilmente a cualquier celda de la hoja de cálculo.

En la parte inferior de nuestra hoja de cálculo encontramos lo que se conoce como barra de estado, tal y como se muestra en la figura 2.2.

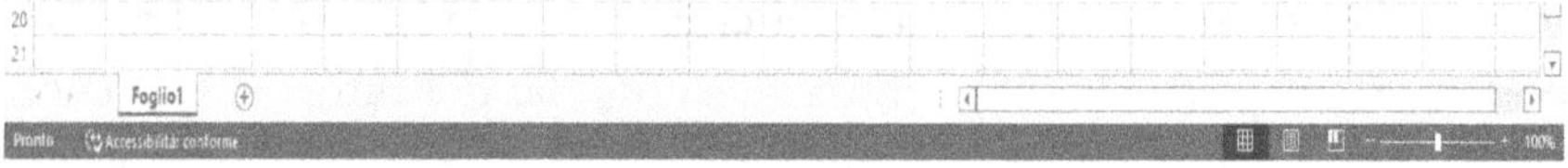

Figura 2.2 Abogacía del Estado

Bajo el nombre de la hoja, encontramos un mensaje que, en el caso de nuestra figura, parece ser La accesibilidad es conforme. Con este mensaje, Excel nos está diciendo que nuestra hoja de cálculo también es accesible para personas con capacidades diferentes.

El primer icono de la derecha, en forma de cuadrícula, nos indica la vista normal de nuestra hoja de cálculo, es decir, la cuadrícula que vemos. La segunda interviene en el diseño de la página, permitiéndonos añadir una cabecera a nuestra tabla, mientras que la tercera nos muestra la vista previa del salto de página. Esta última vista es muy útil en el caso de la impresión para evaluar cuáles serán los últimos datos que se imprimirán al final de la página y nos permite ver si esto no afecta a la legibilidad de nuestro trabajo.

Al final de nuestra barra de estado encontramos una pequeña línea de desplazamiento que va de - a +. Moviéndolo hacia la izquierda disminuye el tamaño de nuestra hoja de cálculo, mientras que moviéndolo hacia el más aumenta su tamaño.

3. Introducir datos correctamente formateando la celda según el tipo de datos introducidos.

Cada una de las celdas de una hoja de cálculo tiene una capacidad muy grande de 32.767 caracteres, es decir, para que te hagas una idea de este tamaño, en cada celda cabrían de 9 a 10 páginas de un libro.

Para introducir datos en una celda, hay que seleccionarla con un clic y, a continuación, escribir la secuencia de caracteres que nos interese, concluyendo esta entrada pulsando la tecla Intro.

La introducción de datos debe ser extremadamente precisa y estar escrita en el formato correcto, de lo contrario Excel nos indicará que se ha cometido un error. Para estar seguros del formato de los datos que vamos a introducir, una vez seleccionada la celda, sólo tenemos que introducir nuestros datos y seleccionar una ventana de combinación que, por regla general, encontramos en la pestaña Inicio de nuestra barra multifunción llamada General. En la figura 3.1. puede ver el efecto de seleccionar esta ventana de combinación junto con sus entradas.

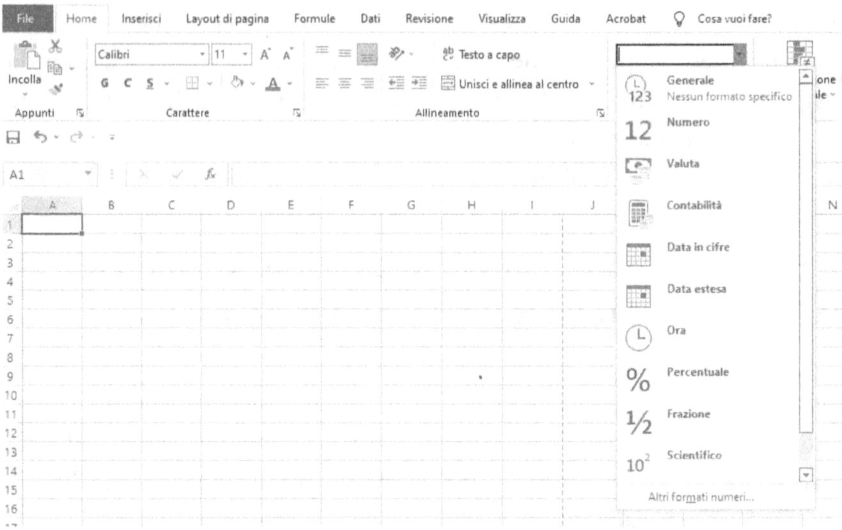

Figura 3.1 Formateo de datos

Al hacer clic en el icono del vértice triangular mirando hacia abajo, se abre el menú desplegable donde podemos elegir el formato de nuestros datos. En caso de duda, hay que abandonar el formato General. Ten en cuenta que, al tratarse de una hoja de cálculo que procesa datos, cuanto más preciso seas en el formato de entrada, más preciso será tu trabajo.

Intentando utilizar los números 123456 como ejemplo, se puede ver cómo cambia su formato dependiendo de la opción que elijamos como en la Figura 3.2

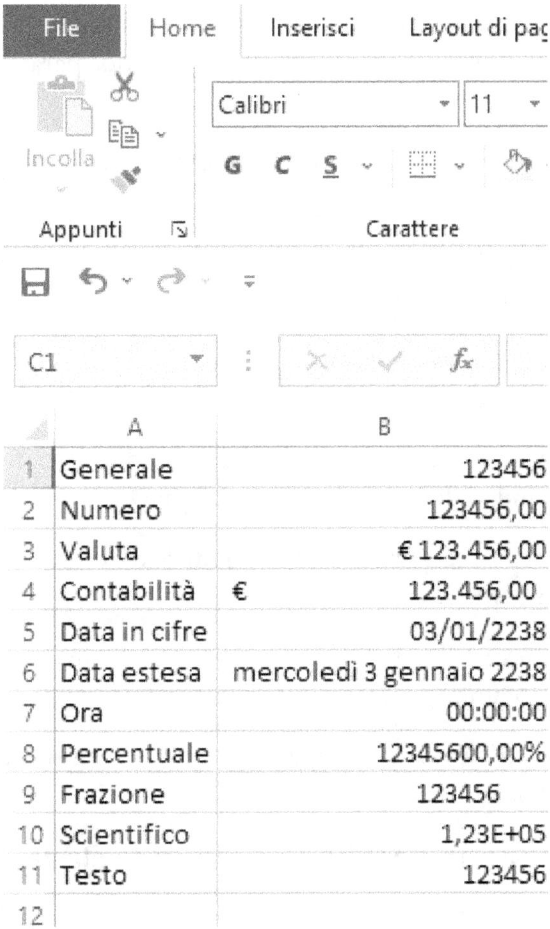

Figura 3.2 Ejemplo de formato de datos

Entrando en detalles, podemos decir que el formateo cambia la visualización de los datos de esta manera:

General: Aplicado a un número, lo muestra tal y como se escribió.

Número: Reduce los decimales redondeándolos hacia arriba. Si no hay decimales, añade dos ceros después del punto decimal.

Moneda: Muestra el símbolo de moneda financiera delante del número introducido; si el número es negativo, antepone un signo menos al símbolo de moneda.

Contabilidad: similar a la moneda, desplaza el número una posición a la izquierda reflejando un formato adecuado para los asientos contables.

Fecha en dígitos: Interpreta el número como una fecha y lo expresa en la forma compacta DD/MM/AAAA.

Fecha extendida: Es como el formato de fecha excepto que indica el día de la semana y el nombre del mes en letras.

Hora: Muestra el número como una hora expresada en el formato de hora, minuto y segundo.

Porcentaje: Muestra el número en formato de porcentaje con dos decimales seguidos del símbolo de porcentaje %.

Fracción: Muestra la parte entera del número y presenta cualquier parte decimal como una fracción.

Científica: Muestra el valor numérico según la convención conocida como coma flotante.

Texto: Muestra los datos exactamente como se introdujeron en la celda, pero alineados a la izquierda.

4. Seleccionar una celda y grupos de celdas, columnas y filas

La selección de una celda individual se realiza simplemente colocando el puntero del ratón sobre la celda individual con un clic. En la esquina superior izquierda, debajo del icono del disquete, verá la aparición de la coordenada de la celda tras su selección.

También puede desplazarse utilizando las flechas del teclado situadas debajo de la tecla Intro y pulsando Intro una vez que haya llegado a la celda. O muévase utilizando la tecla Tab (la tecla con las dos flechas apuntando en sentido contrario que normalmente se encuentra a la izquierda de la tecla Q en los teclados QWERTY) y una vez que haya llegado a la celda pulse la tecla Intro.

¿Y si desea seleccionar varias celdas? Nada más fácil. Seleccione con el puntero del ratón una celda del grupo que le interese y, manteniendo pulsado el botón izquierdo del ratón, seleccione todas las celdas contiguas que le interesen.

¿Y si las celdas que me interesan no son contiguas? Aquí tampoco hay problema, simplemente seleccionamos la primera celda con el puntero del ratón y, mientras mantenemos pulsada la tecla CTRL, hacemos clic en las celdas individuales objeto de nuestra atención.

¿Y si la celda de mi atención fuera una fila o columna entera? Aun así, nada podría ser más fácil. Para la columna, basta con situarnos sobre la letra que la identifica con el puntero del ratón y hacer un simple clic; enseguida notará que toda la columna queda resaltada. Lo mismo para las filas, simplemente nos posicionamos sobre el número que identifica la fila y hacemos un simple clic para resaltarla.

Al trabajar con celdas que contienen datos, puede ocurrir que necesite seleccionar toda la columna en muy poco tiempo. Por lo tanto, en el caso de una columna muy rica en valores o datos, es aconsejable, o más conveniente, hacer clic en la primera celda de la parte superior; a continuación, desplazar el puntero del ratón hasta el centro del borde inferior, como resultado de esta acción observaremos que nuestro puntero adoptará la forma de una flecha apuntando en las cuatro direcciones.

Manteniendo pulsada la tecla Mayús (normalmente en los teclados QWERTY es la tecla con la flecha hacia arriba junto a la de los corchetes angulares), un doble clic en el borde de la celda mientras el puntero del ratón está en esta forma concreta hará que se seleccionen inmediatamente todas las celdas de abajo en la columna, hasta la última celda que contenga un valor.

5. Realizar operaciones de copiar/cortar/pegar

En lo que respecta a las operaciones de copiar, cortar y pegar, Excel es una aplicación de Windows, por lo que las combinaciones de teclas que utilizamos para estos comandos en Windows también se aplican a Excel. Es decir, las siguientes combinaciones de teclas: Ctrl+C para copiar; Ctrl+X para cortar y Ctrl+V para pegar. A continuación, sólo tiene que situarse en la celda que le interese, aplicar la combinación de teclas que desee y situarse en la celda de destino utilizando también aquí la combinación que necesite.

Otro método consiste en situarse en la celda que contiene los datos que le interesan, hacer clic con el botón derecho del ratón y seleccionar uno de los dos comandos: Cortar o Copiar. Por último, sitúese sobre la celda en la que desea restaurar los datos, pulse el botón derecho del ratón y seleccione.

Te habrás dado cuenta de que la acción del botón derecho de nuestro ratón también produce una versión de Pegar que, para quienes no estén familiarizados con Excel, puede parecer una novedad, a saber, el comando Pegado especial. ¿Por qué un programa tan potente como Excel necesita este comando, que parece ser una extensión del más conocido Pegar? La necesidad está ahí y es concreta: las celdas de Excel no sólo almacenan valores numéricos o cadenas, las celdas, como ya hemos visto, también pueden contener referencias a otras celdas o incluso fórmulas y funciones.

En el caso de una celda de este tipo, utilizar el comando Pegar nos permite copiar sólo los datos expresados en la celda, mientras que elegir Pegado especial nos permite copiar la referencia a una celda o la función que pueda contener. Téngalo siempre en cuenta cuando quiera mover una celda que contenga una fórmula o una funzione da voi selezionata o elaborata.

6. Realizar operaciones de clasificación.

Muchas veces, en nuestra prisa por introducir los datos, no nos preguntamos si los datos deben estar ordenados o no, pero una vez introducidos en nuestra hoja de cálculo, puede que necesitemos que nuestros datos sigan un orden alfabético o numérico para mejorar la legibilidad. Pero si el número de datos es grande, ¿cómo podemos resolver este dilema en poco tiempo?

Simple, a través del comando Ordenar y Filtrar que vemos en la

Figura 4.1

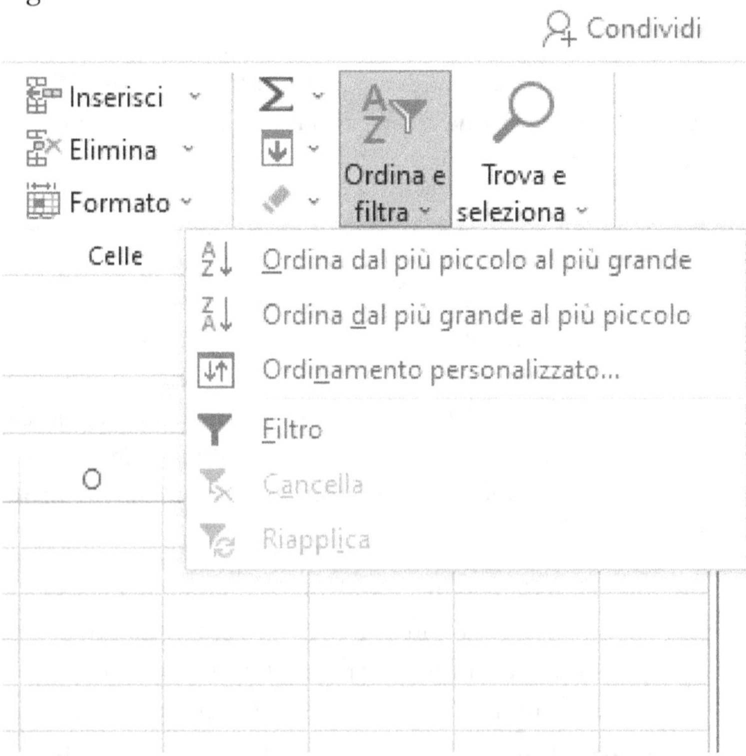

Figura 4.1 Ordenar y filtrar

Para ordenar nuestros valores, debemos seleccionar las celdas que los contienen y luego elegir uno de los comandos apropiados que aparecen:

Ordenar de menor a mayor: En valores numéricos, ordena de menor a mayor valor. Los textos, en cambio, se ordenan de la A a la Z.

Ordenar de mayor a menor: En valores numéricos, ordena de mayor a menor valor. Los textos, en cambio, se ordenan de la Z a la A.

Ordenación personalizada: Con este comando podemos personalizar el orden de nuestros datos a nuestro gusto. Al seleccionarla, aparecerá la ventana de la Figura 4.2

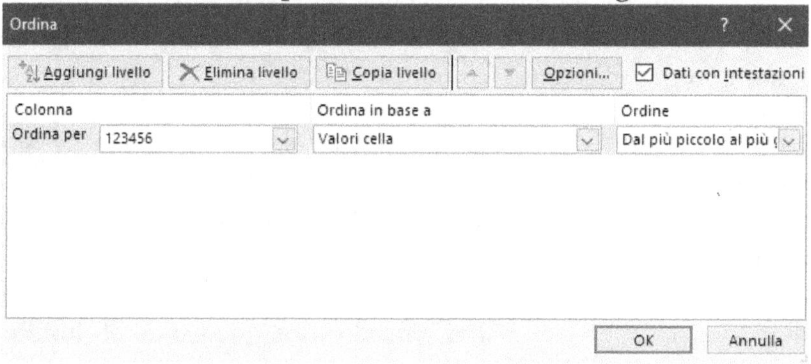

Figura 4.2 Clasificación personalizada

Aquí tenemos tres tipos de columnas:

Ordenar por: Si se elige la opción general significa que los datos son caracteres, mientras que en 123456 los valores se identifican en números. Dependiendo de esta elección, los campos de la columna Orden cambian, por supuesto.

Ordenar por: Si elegimos la opción Valores de celda, nos basaremos en los valores de las celdas individuales; Color de celda significa que nuestra selección se basará en los colores de las celdas; Color de fuente será una elección basada en el color de la fuente e Icono de formato condicional basado en iconos particulares que se elegirán dependiendo de si un valor concreto forma parte de un tipo de rango.

Pedido: Seleccione el tipo de pedido que deseamos. Por tamaño para los valores numéricos, por tipo de color o alfabético para los caracteres.

7. Nombrar celdas y grupos de celdas

Cuando trabaje con cierta cantidad de datos, sentirá la necesidad de asignar con precisión un nombre a una celda o incluso a un grupo de celdas. Hasta ahora sabemos que una celda, o varias, se identifican por sus coordenadas (por ejemplo, A1 o A1:A4).

A medida que avanza nuestro proyecto, puede ocurrir que esta forma de identificación nos resulte conveniente o deje de serlo, o que ya no podamos identificar exactamente los datos originales. Por ello, sería una buena norma operativa asignar un nombre único a las celdas de Excel, teniendo además la indudable ventaja de disponer de una indicación del tipo de datos introducidos mediante el nombre asignado.

El procedimiento es muy sencillo: para asignar un nombre a una celda, o grupo de celdas, debemos seleccionar las celdas que nos interesen y dirigirnos, dentro de la cinta de opciones, a la pestaña Fórmulas, como se muestra en la Figura 4.3.

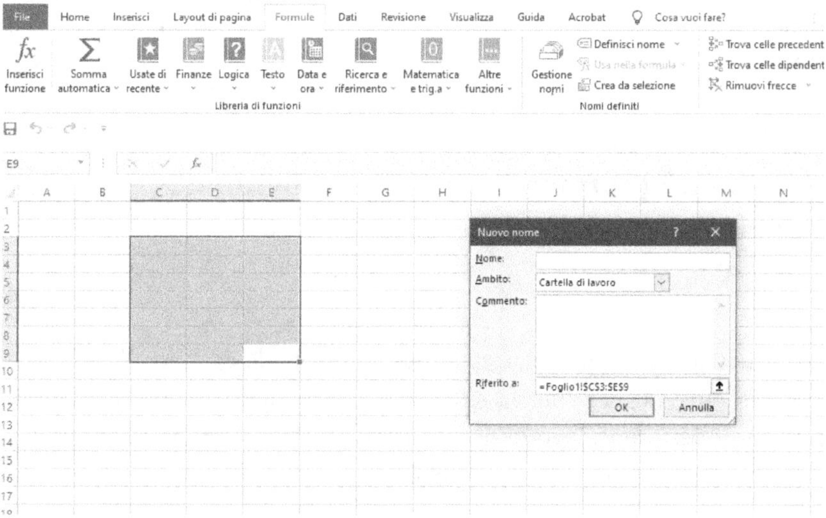

Figura 4.3 Nombrar celdas

En nuestro ejemplo, el grupo de celdas que nos interesa es el que se extiende desde la celda C3 hasta la E9. Una vez seleccionada la pestaña Fórmulas, nos dirigimos con el puntero a Definir Nombre y hacemos clic.

Se abrirá una ventana que le permitirá dar un nombre al grupo de celdas -recuerde que sería mejor dar un nombre que refleje el tipo de datos que hemos introducido-, el área donde se guardarán, ya sea dentro del libro de trabajo o directamente en la hoja. El espacio para comentarios es muy útil porque te permite memorizar con gran precisión el significado de tu elección y la casilla de referencia donde vas a introducir el rango de celdas al que se asignará el nombre.

Es importante saber que este rango aparecerá automáticamente en la ventana, pero si por casualidad desea añadir otras celdas al rango, puede hacerlo manualmente cambiando las coordenadas correspondientes.

Un concepto útil y valioso que debes tener siempre presente es que el nombre que elijas debe empezar por una letra y no podrás utilizar espacios ni arrastrar coordenadas de celdas. Obviamente, puede utilizar letras, números y puntos para el resto de caracteres del nombre.

8. Cambiar el formato de celdas individuales o grupos de celdas

Si, después de introducir datos en nuestra hoja de cálculo, nos damos cuenta de que tal vez habría sido mejor que algunas celdas tuvieran un formato diferente, podemos remediarlo sin el menor esfuerzo y sin miedo a tener que volver a empezar.

Basta con seleccionar las celdas cuyo formato deseamos modificar, situar el cursor en la barra de herramientas, desplazarnos hasta Número y, pulsando sobre el icono triangular con el vértice apuntando hacia abajo junto a General, seleccionar el epígrafe Otros formatos. Aparecerá la ventana que se muestra en la figura 4.4.

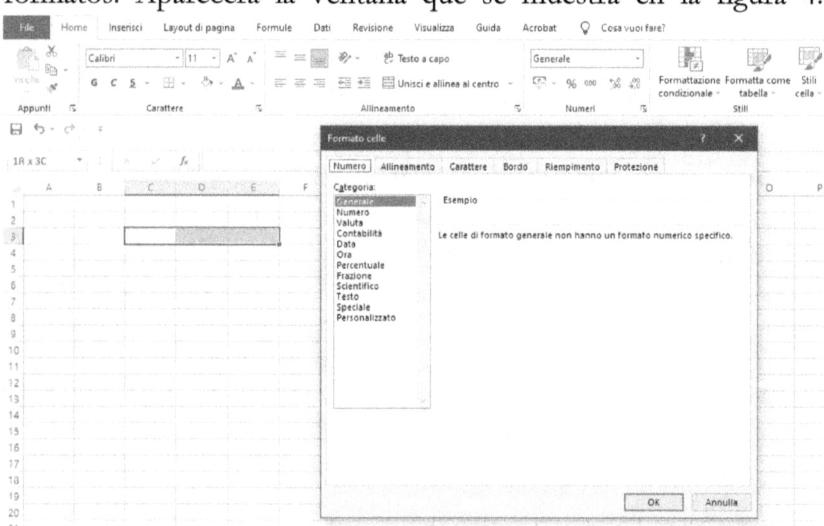

Figura 4.4 Edición del formato de las celdas

Aquí encontrará las siguientes pestañas:
Número: le permitirá cambiar el formato de los valores introducidos como ya hemos explicado en el apartado 3.
Alineación: podrá elegir la mejor alineación para representar sus datos dentro de las celdas seleccionadas, tanto para horizontal como para vertical, y decidir el espacio de sangría. No sólo eso, también podrá decidir el grado de orientación y control del texto.
Fuente: puede decidir cambiar todo sobre la fuente, desde su tipo hasta su tamaño. Elige el estilo, el color, el subrayado y los efectos.
Borde: en esta pestaña puede elegir cómo mostrar los bordes de las celdas, desde todos a ninguno; elegir el color de los propios bordes o incluso personalizarlos.
Relleno: es la pestaña "artística", aquí puedes elegir los colores de relleno para las celdas que selecciones y también colorearlas con los distintos estilos de dibujo.
Protección: es la pestaña más delicada, aquí se puede elegir si las celdas seleccionadas se pueden bloquear, es decir, no se pueden editar. Recuerde que esta opción sólo tendrá efecto si la hoja de cálculo ha sido protegida.
Si necesita proteger la hoja de cálculo, sólo tiene que ir a la pestaña Revisar de nuestra cinta de opciones y, dentro del recuadro. Proteger encontrará dos comandos: proteger hoja y proteger libro. El primer comando protegerá nuestra hoja de cálculo; aparecerá una ventana pidiéndonos que introduzcamos la contraseña para la protección (a nuestra elección y a ser posible alfanumérica) y una serie de opciones a seleccionar para indicar qué partes de nuestra hoja estarán protegidas.
En este punto, nuestra hoja está protegida, permitiéndonos introducir o modificar datos sólo en aquellas celdas para las que se ha desmarcado la casilla de verificación. La protección de carpetas será más inmediata, ya que sólo tendrá que proteger todo el libro de trabajo introduciendo una contraseña de su elección.
La contraseña debe elegirse de forma inteligente y bien pensada. La contraseña podría describirse como una especie de piedra angular de los sistemas de seguridad informática. Hoy los

utilizamos sin problemas porque estamos en contacto con ellos todos los días, pero su creación requiere el cumplimiento de ciertas normas que podríamos definir de sentido común.

- Utilice como contraseña una cadena de más de seis caracteres. Recuerda que Excel acepta contraseñas de hasta 255 caracteres;
- Nunca utilice frases o nombres significativos, en particular nombres o lugares;
- Nunca utilices fechas de nacimiento o de acontecimientos que puedan ser conocidos por otras personas;
- Las contraseñas deben ser siempre alfanuméricas, es decir, contener tanto números como caracteres, y tal vez caracteres especiales como el símbolo del dólar o la almohadilla;
- Utilice siempre mayúsculas y minúsculas.

9. Establecer fórmulas aritméticas sencillas

La verdadera potencia de Excel no reside sólo en la facilidad de introducción de datos y su representación ordenada y gráfica, sino que su verdadera fuerza, es decir, la verdadera razón por la que lo utilizamos, está en su potencia de cálculo, que es fácil e intuitiva.

Excel es como una auténtica calculadora científica capaz de ofrecerte, y posteriormente almacenar en celdas, el resultado de cálculos incluso complejos. En nuestra hoja de ejercicios, podemos crear fórmulas aritméticas sencillas que nos permitan realizar sumas (+), restas (-), multiplicaciones (*) y divisiones (/). Pongamos un ejemplo sencillo:

Seleccionamos cualquier celda de nuestra hoja de cálculo y, curiosos por conocer el resultado de la suma entre 3 y 8, tecleamos el signo igual (=) seguido de 3+8. En este punto, todo lo que tenemos que hacer es pulsar la tecla Intro para ver el resultado dentro de nuestra celda. Obviamente, el procedimiento es el mismo para todos los demás operadores aritméticos.

Probemos con dos operadores: seleccione cualquier celda de nuestra hoja de cálculo y escriba la siguiente fórmula =3+8*2. El resultado será 19, esto se debe a que Excel primero multiplica 8 por 2 y luego suma 3. ¿Qué pasaría si quisiera sumar primero 3 y 8 y multiplicar por 2? Entonces sólo tendríamos que introducir un elemento importante de las fórmulas de Excel, el uso de paréntesis. En este caso simplemente teclearíamos = (3+8) *2 y obtendríamos 22.

¿Y si mis datos estuvieran en celdas diferentes? También en este caso nos resulta bastante intuitivo. Elija una celda en la que desee almacenar el total y, a continuación, simplemente, en lugar de escribir los valores, utilice las coordenadas de la celda. Por ejemplo, supongamos que en la celda A1 está almacenado el valor 3 (o asignado como se conoce en términos más técnicos), en A2 tenemos el valor 7 y en la celda A3 tenemos 10. Nos situamos en la celda A4 por comodidad, pero puedes elegir la celda que quieras, y tecleamos =A1+A2+A3 y obtenemos 20.

¿Y si hay muchos valores? Una de las ventajas de la potencia de Excel es también la automatización. Si nos encontramos con que tenemos que sumar varios valores de una columna, podemos utilizar el comando Autosuma (Σ).

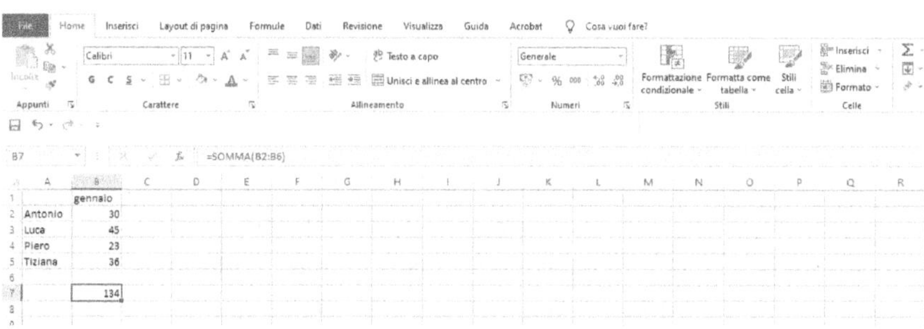

Figura 4.5 Suma automática

Encontrará este comando en la parte superior de la barra de herramientas, en la pestaña Inicio.

El funcionamiento es muy sencillo e intuitivo: seleccione la celda que debe contener la suma de los valores, haga clic en Autosuma, pulse Intro e inmediatamente tendrá el total. Por supuesto, la autosuma es un comando que toma una fórmula simple que ya hemos utilizado.

A los más intuitivos no se les habrá escapado que, en lugar de utilizar la autosuma, podríamos haber creado una fórmula suma utilizando las coordenadas de las celdas, pero aquí, para restringir la propia fórmula, podemos seleccionar el intervalo cambiando la fórmula de la siguiente manera =SUMA(B2:B6). Los dos puntos indican un intervalo continuo, es decir, de la celda B2 a la celda B6, y SUM indica una variable que pronto conoceremos.

Todo esto es para que entiendas que un programa como Excel puede hacer lo mismo de diferentes formas, depende de nosotros, en función de nuestro proyecto y de lo que queramos conseguir, utilizar la forma que consideremos más adecuada y, por qué no, más rápida.

10. Usos del asa de llenado

Como hemos dicho antes, la ventaja de utilizar programas potentes como Excel radica en agilizar procesos que consideramos tediosos o innecesariamente largos. Intentemos, para dar un ejemplo, pensar en tener que introducir el mismo valor numérico varias veces, o incluso tener que introducir manualmente un rango de valores numéricos.

Mientras sean pocos, podemos pensar en introducirlos manualmente de uno en uno, pero ¿y si estos valores fueran un número extremadamente alto? No nos queda más remedio que utilizar una técnica que Excel pone a nuestra disposición: el tirador de relleno.

El tirador de relleno es una técnica de relleno de celdas que nos permite colocar el mismo valor en un número indefinido de celdas o crear una escala numérica sucesivamente. Supongamos que tenemos que repetir un número, en este caso supongamos el número 1 seis veces. ¿Cómo podemos hacerlo sin tener que anotar el número de todas esas veces?

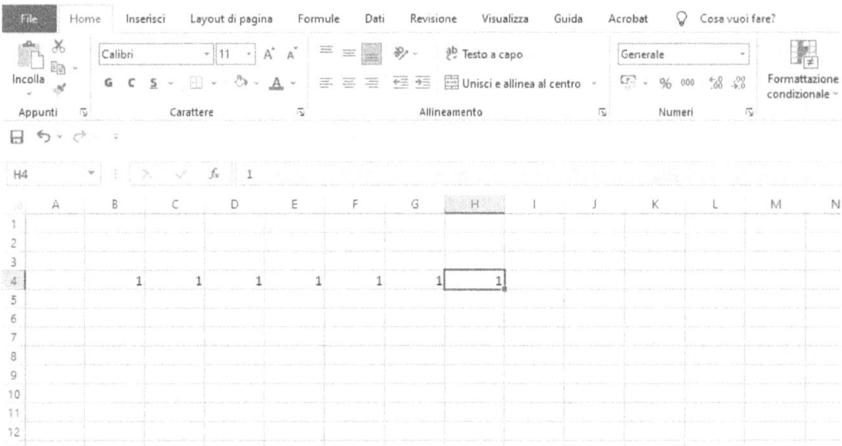

Figura 4.6 Repetición del mismo valor numérico

Seleccionamos nuestra celda y tecleamos el número 1, después situamos el cursor en la esquina derecha de la celda hasta que el puntero se convierta en una cruz. En este punto, mientras mantiene pulsado el botón izquierdo del ratón, desplácese en la dirección que desee y suéltelo, habrá obtenido una secuencia de números 1 sin necesidad de teclearla, como bien se muestra en la Figura 4.6

Pero, ¿y si nos encontramos en la situación de tener que introducir una secuencia de números? No hay problema, todo lo que hay que hacer es seleccionar la celda donde deseamos introducir el valor inicial, digamos 0, mover el puntero a la esquina inferior de la celda hasta que adopte la forma de una cruz, pulsar el botón CTRL y el botón izquierdo del ratón moviéndonos a lo largo de la línea que deseamos.

Si nos movemos a la derecha del valor la secuencia será creciente, si nos movemos a la izquierda será decreciente. Lo mismo ocurre si nos desplazamos hacia arriba (decreciente) o hacia abajo (creciente), como se muestra en la figura 4.7.

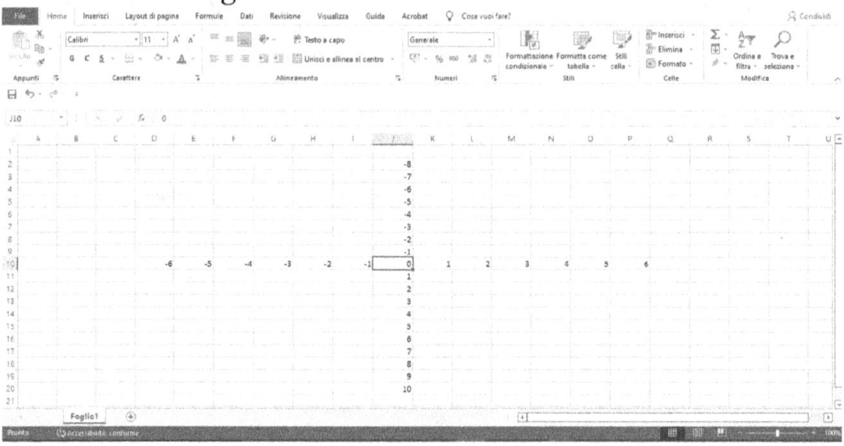

Figura 4.7 Serie crescente o decrescente

Excel nivel intermedio

Creación de tablas

Formato de tablas

La creación y el formateo de una tabla Excel es un paso muy importante. Si se introducen los datos como si fueran una simple lista sin cuidar su forma o apariencia, se corre el riesgo de que la lectura de la tabla resulte engorrosa e incómoda. Por lo tanto, es importante saber dar formato a los datos de nuestro proyecto con la combinación adecuada de estilos, que también nos permita, de un vistazo, captar el significado de las relaciones que surgen de nuestros datos.

Después de introducir los datos que nos interesan, seleccionamos una celda dentro de ella, luego vamos a la pestaña Inicio de nuestra cinta y hacemos clic en Formato como tabla. Lo que verás se representa en la Figura 5.1.

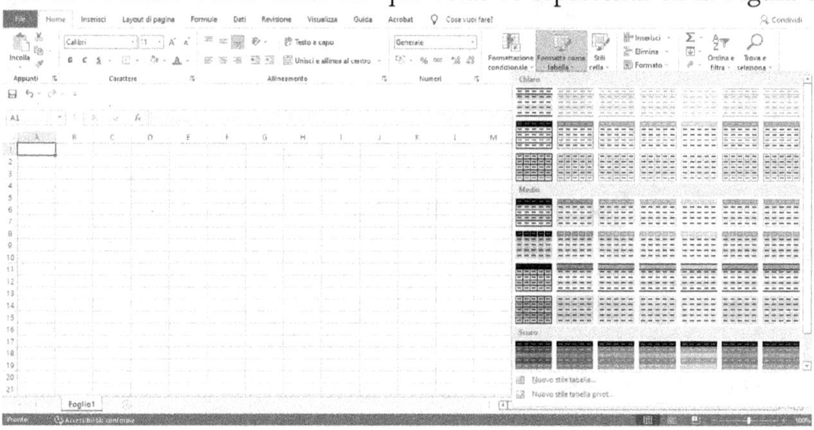

Figura 5.1 Formato de tablas

La ventana que se abre mostrará varios estilos predefinidos que van desde el claro al oscuro, pasando por el medio. Los estilos tienen varios colores que se alternan en su interior, variando su tonalidad. La elección del estilo, como ya se ha dicho, debe ser acertada. El estilo debe permitir hacer hincapié en el tipo de datos que nos interesa que tengan más visibilidad y permitir que se lean con fluidez. Una tabla bien formateada debe poder leerse de un vistazo. Un formato bien definido es la base del análisis de datos que veremos más adelante; por lo tanto, es un paso básico esencial.

En caso de que no se ajuste ninguno de los estilos de la lista, podemos hacer clic en el elemento Nuevo estilo de tabla para ver lo que se muestra en la Figura 5.2.

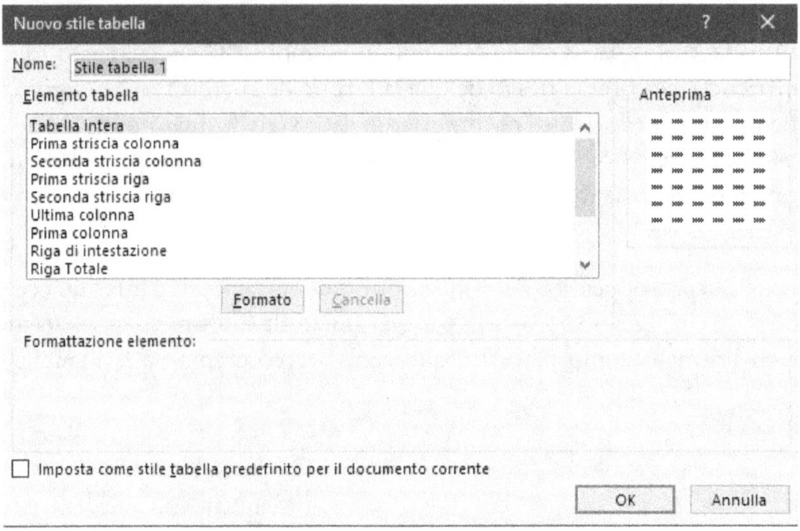

Figura 5.2 Nuevo estilo de mesa

Cuando se abre la ventana, encontramos el cuadro de nombre, en el que introducir el nombre del nuevo estilo que estamos creando. También en este caso sería conveniente que el nombre elegido hiciera referencia al tipo de estilo que tenemos en mente crear. A continuación, una vez que nos hemos situado en cada uno de los elementos de la lista Elemento de tabla, situamos el puntero sobre Formato y hacemos clic.

Esta acción abrirá tres pestañas que hemos conocido previamente: fuente, borde y relleno. Seleccionamos los tonos y características que más nos gusten, pero sobre todo que sean más funcionales para nuestro proyecto, y tras pulsar OK volvemos a nuestra tabla para modificar otros elementos que consideremos importantes.

Obviamente, cuantos más elementos tengamos en cuenta, más se completará nuestro estilo. No obstante, tenga cuidado de no exagerar, ya que podría disminuir la legibilidad de nuestro cuadro y provocar confusión al leerlo.

Si estamos satisfechos con nuestro nuevo estilo, podemos poner una marca -haciendo clic en el cuadrado blanco- en Establecer como estilo de tabla por defecto para el documento actual, de modo que nuestro estilo sea inmediatamente operativo y visible.

El último elemento es Nuevo estilo de tabla dinámica, cuya selección de estilo es idéntica a la del elemento anterior. En cuanto a lo que puede ser la tabla dinámica, baste por ahora saber que será objeto de aclaración y profundización en una sección posterior.

1. Utilización de la línea de totales para resumir datos

Al introducir nuestros datos en la hoja de cálculo, es posible que necesitemos un resumen de los datos, quizá una suma parcial para comprender la tendencia de nuestras cifras y datos. Para conseguirlo rápidamente podemos aprovechar una opción de Excel llamada fila total.

Para ello debemos seleccionar una celda, esta acción activará una pestaña en la barra de herramientas llamada herramientas de tabla como se muestra en la figura 5.3.

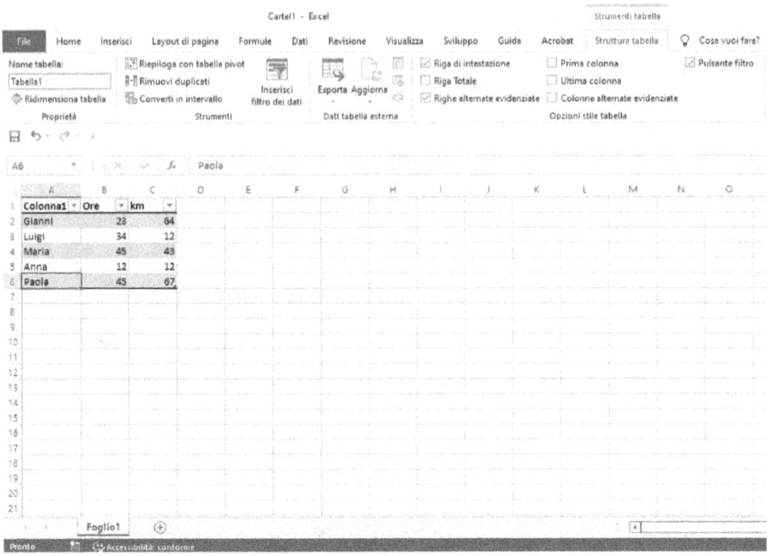

Figura 5.3 Herramientas de mesa

Ahora sólo tiene que situar el puntero del ratón en Fila Total y hacer clic, lo que dará como resultado la pantalla de la Figura 5.4.

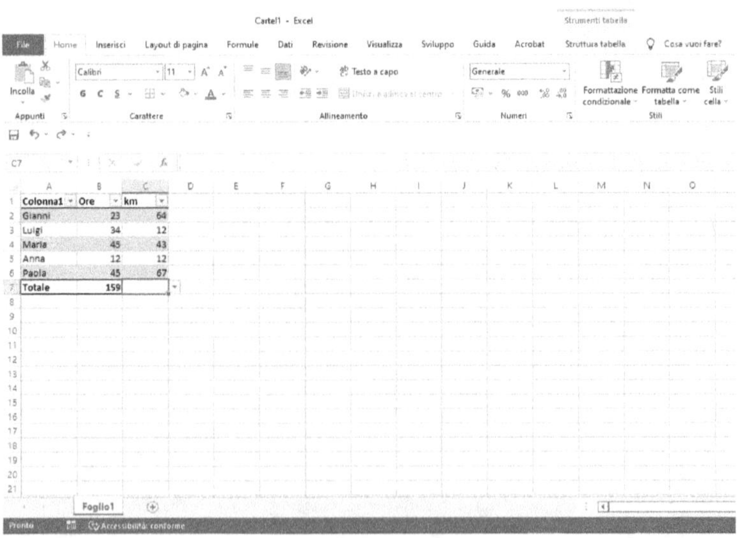

Figura 5.4 Línea Total

Al final de la tabla aparecerá una fila en la que, en la parte inferior de cada columna, habrá un recuadro flanqueado por un triángulo cuyo vértice inferior indica un menú desplegable.

Y es que la fila Total no sólo nos permite tener la suma de nuestros datos sino también una serie de funciones que podemos ver en la Figura 5.5.

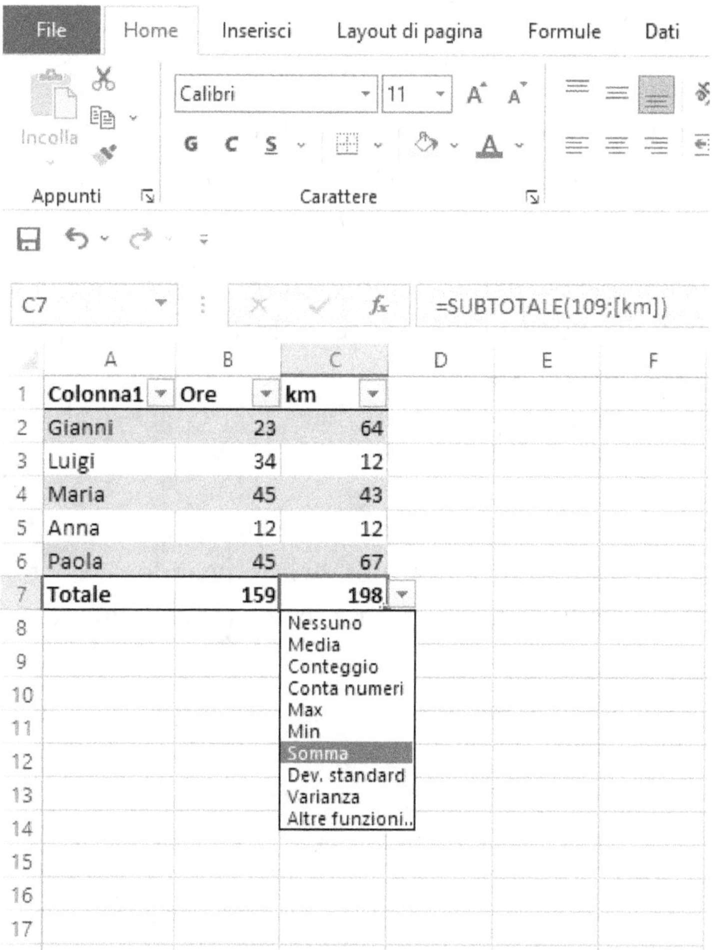

Figura 5.5 Línea Opciones Total

2. Eliminar valores duplicados de una tabla

Eliminar los valores duplicados puede ser muy útil porque, por un lado, nos permite aligerar el peso de nuestro fichero y una mejor síntesis de nuestra tabla. Además, la eliminación de estos valores, como veremos más adelante cuando hablemos del análisis de datos, permite a Excel procesar nuestros datos con mayor fluidez y rapidez.

Sin embargo, no hay que olvidar que se trata de una operación que también puede provocar la pérdida de datos que, en cambio, podrían sernos útiles, por lo que debe utilizarse bien y con cierta precaución.

La primera operación que hay que hacer, teniendo una tabla con una cierta cantidad de valores, es identificarlos con precisión, quizá colorearlos para que estos datos salten a la vista inmediatamente, pero ¿cómo hacerlo? Gracias al formato condicional.

Vamos a la barra de herramientas, y en concreto a la pestaña Inicio donde seleccionaremos el comando de formato condicional, obteniendo lo que podemos ver en la Figura 5.6.

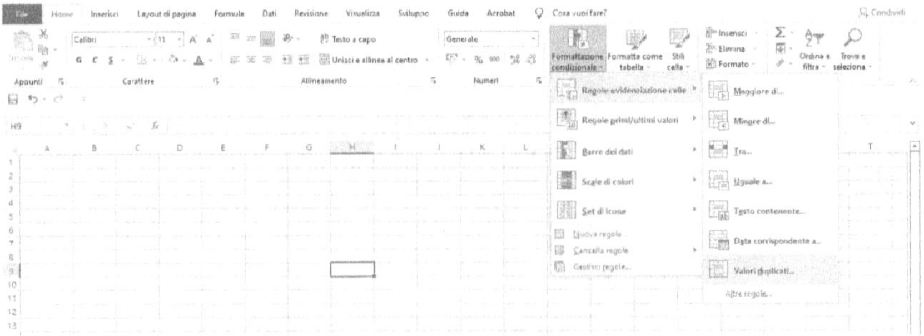

Figura 5.6 Formato condicional

Pulse ahora en duplicar valores para obtener la ventana de la Figura 5.7.

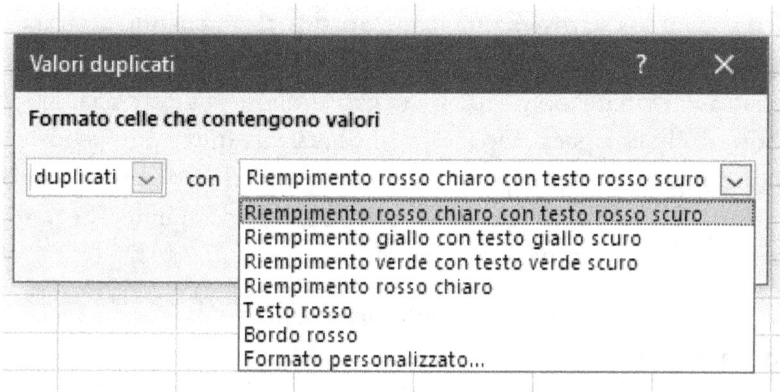

Figura 5.7 Opciones para colorear valores duplicados

En este punto sólo tenemos que elegir el tipo de resaltado de estos datos duplicados y pulsar la tecla Intro o, con el botón izquierdo del ratón, hacer clic en Aceptar.

Excel resaltará ahora los valores duplicados dentro de nuestra tabla. Resaltarlos antes de eliminarlos es importante porque Excel puede resaltar dos valores, por ejemplo iguales a 0 pero que al leer los datos identifican dos situaciones totalmente diferentes.

Una vez que hemos comprobado, gracias al resaltado que proporciona el formato condicional, qué valores son duplicados, podemos empezar a eliminarlos. Una vez más, tenga la máxima precaución y prudencia; es aconsejable hacer una copia de seguridad de los datos antes de proceder a la operación de eliminación, ya que con esta opción, los datos se eliminarán de forma permanente.

Una vez seleccionados los datos duplicados, no nos queda más remedio que eliminarlos tras revisarlos detenidamente.

3. Ordenar los datos según el contenido de una o varias columnas

Ordenar bien los datos es una característica clave cuando se trata de la legibilidad y el análisis de proyectos en Excel. Un proyecto bien ordenado y formateado puede marcar realmente la diferencia. Si, por un lado, no hemos sido capaces de ordenarlos, quizá para agilizar la introducción o porque el proyecto ha sido editado por varias manos, Excel nos da la posibilidad de hacerlo automáticamente sin perder demasiado tiempo en pasos innecesarios.

Seleccionamos la columna, o columnas, que deseamos ordenar. A continuación, nos situamos en la cinta de opciones, en la pestaña Datos. Ahora sólo tenemos que seleccionar el tipo de ordenación que necesitamos, como se muestra en la figura 6.1.

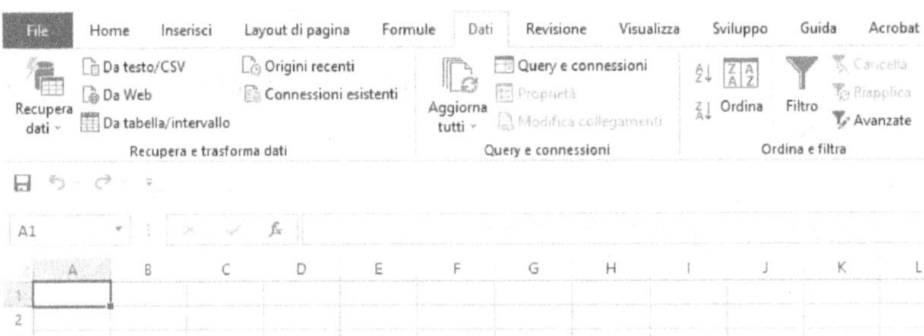

Figura 6.1 Clasificación de datos

Si seleccionamos el icono AZ con la flecha apuntando hacia abajo, nos permitirá distribuir nuestro trabajo en orden alfabético (de la A a la Z) o, si se trata de valores numéricos, en orden ascendente de menor a mayor. Si, por el contrario, nuestra elección recae en el icono ZA con la flecha aún apuntando hacia abajo, tendremos nuestros datos ordenados, de nuevo alfabéticamente, de Z a A, mientras que los numéricos estarán en orden descendente, es decir, de mayor a menor.

El último icono, el cuadrado con las letras ZA y AZ sobre el nombre. Ordenar, nos permite tener los mismos efectos que los comandos principales pero de una forma más completa y precisa. Pulsando sobre ella obtenemos lo que se muestra en la figura 6.2.

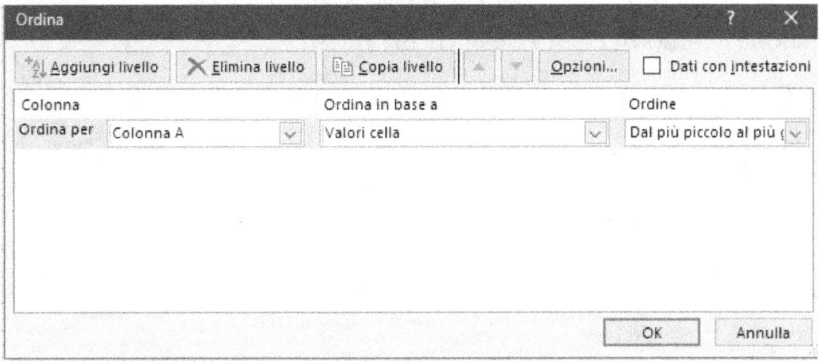

Figura 6.2 Ventana de clasificación de datos

La ventana Ordenar datos nos ofrece una gama más amplia de opciones. Podemos ordenar nuestros datos por columnas o por los valores de nuestra celda. Si hacemos clic en el menú desplegable (el icono de la esquina con el vértice en la parte inferior al final del cuadro), tendremos más opciones, a saber: color de celda si queremos ordenar según cómo hemos coloreado nuestras celdas; color de fuente según el color de fuente utilizado en nuestras celdas; o icono de formato condicional según la condición aplicada a las celdas.

Finalmente, gracias a la última casilla, podemos elegir si queremos ordenar nuestros valores de menor a mayor, de mayor a menor o por lista personalizada. Este último punto nos permite crear nuestro propio orden preferencial para aplicarlo a nuestros valores en caso de que no consideremos adecuadas las otras opciones.

4. Filtrar datos según uno o varios criterios

Al utilizar una tabla en nuestra hoja de cálculo para capturar datos, puede ocurrir que a medida que pase el tiempo y se introduzcan nuevos valores, se añadan nuevas filas, aumentando así el tamaño de la tabla. El gran número de filas hace muy difícil encontrar valores mediante una simple ordenación. Es en este punto donde cobra valor e importancia la funcionalidad denominada Filtro, a la que se accede con el comando Filtro dentro de la pestaña Datos de la cinta de opciones como puede verse en la Figura 7.1.

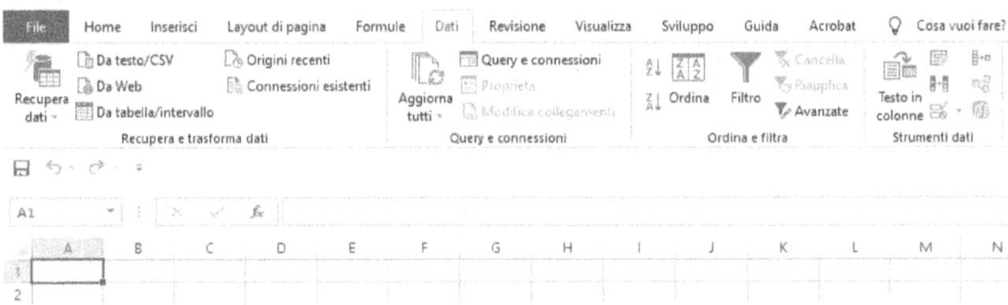

Figura 7.1 Filtro

Una vez seleccionada nuestra tabla, sólo tenemos que pulsar sobre el comando Filtro para que aparezca, en la etiqueta de cada columna, un cuadro combinado (el cuadro con el triángulo situado con el vértice en la parte inferior) cuyo contenido se hace visible en cuanto pulsamos sobre el mismo triángulo, como podemos ver en la Figura 7.2 y en la Figura 7.3.

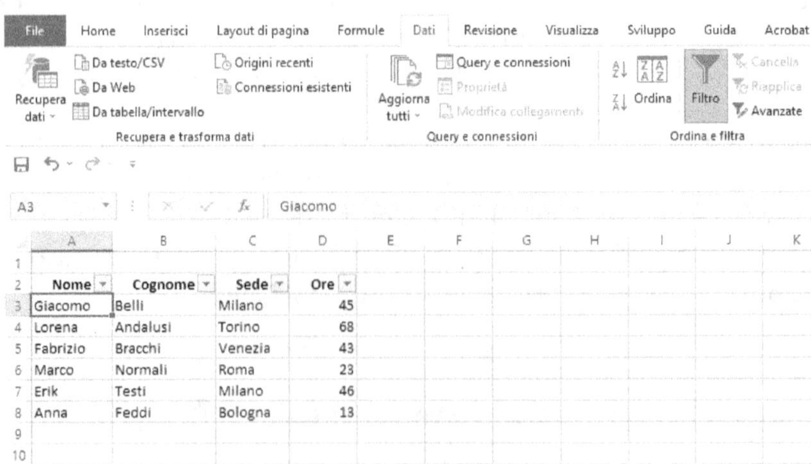

Figura 7.2 Activación del filtro

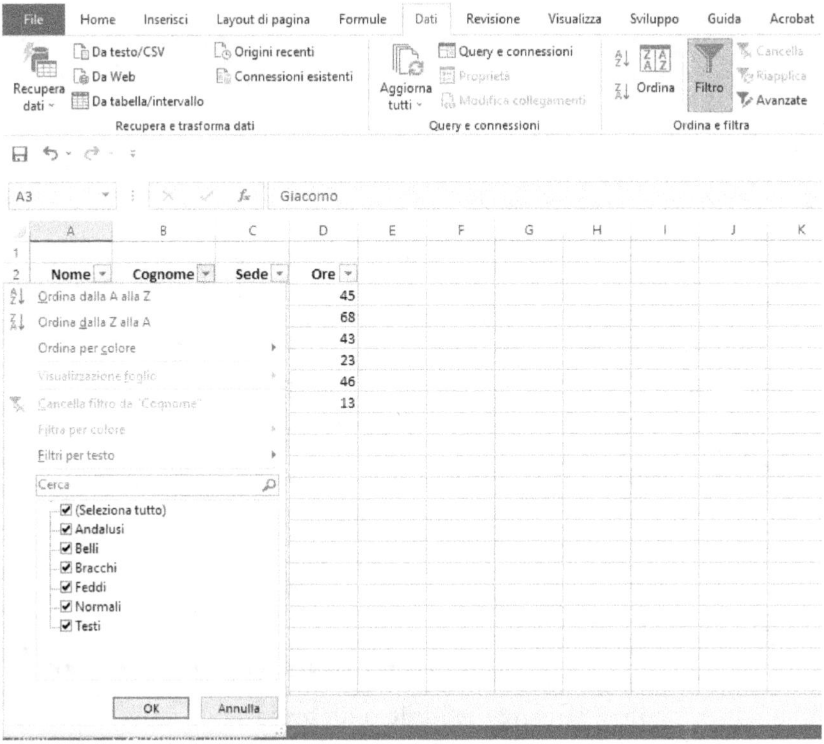

Figura 7.3 Opciones Filtro

Cada lista desplegable de cuadros combinados presenta varias opciones, algunas de las cuales hemos visto al hablar de la ordenación de datos en el apartado anterior.

Más abajo, sin embargo, encontramos el comando Filtro de Texto, que a su vez tiene nada menos que siete entradas con las que es posible definir condiciones lógicas particulares que van desde Igual a Filtro Personalizado, que pueden verse en la figura 7.4.

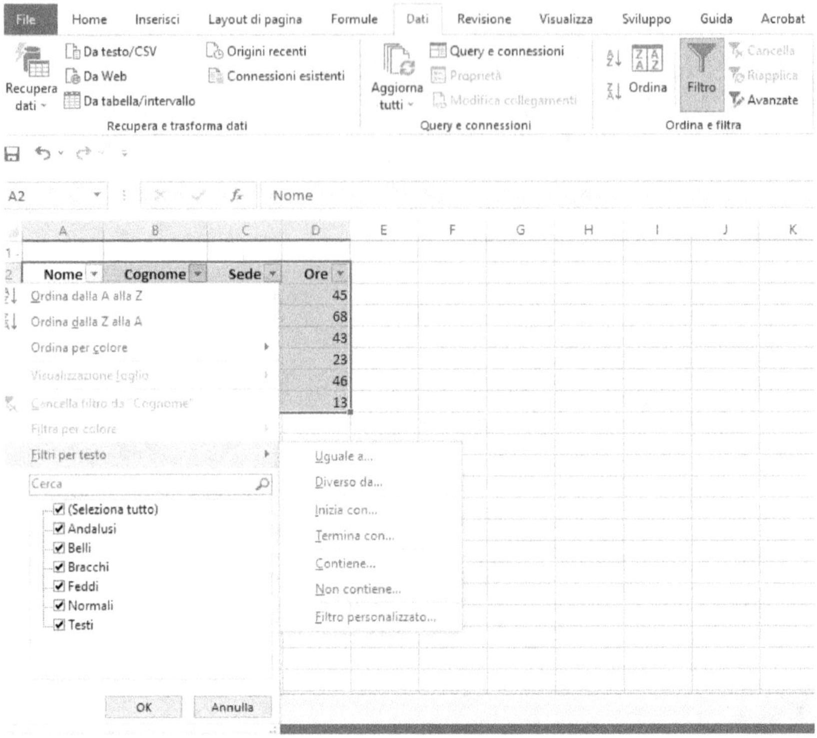

Figura 7.5 Filtro de texto

En la parte final de la ventana, encontramos varias casillas de verificación, más concretamente una por cada dato de la columna que hemos seleccionado. Desmarcar un valor significa hacer que deje de ser visible en la columna, es decir, filtrarlo.

Cuidado, este proceso no borra la fila del valor, sino que simplemente la oculta de la vista. Para que vuelva a ser visible, basta con seleccionar de nuevo el valor o hacer clic en Seleccionar todo.

En la barra de herramientas, abajo a la izquierda, aparecerá el número de registros, o valores, que corresponden a lo que ha seleccionado para filtrar.

Si, por el contrario, quisiéramos seleccionar una columna que sólo contuviera valores numéricos, nuestro menú sería Filtrar por números como en la Figura 7.5.

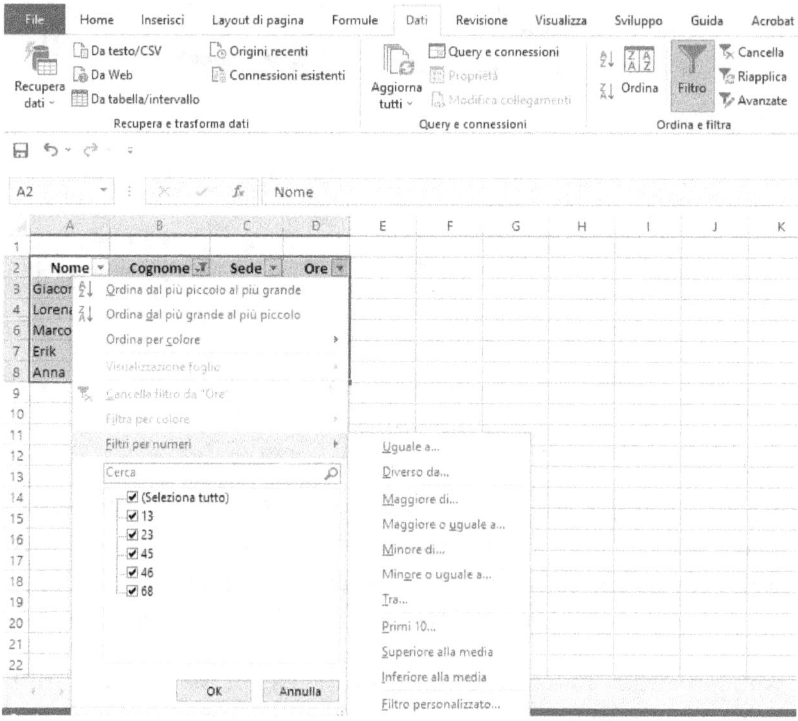

Figura 7.5 Filtrar por números

Filtrar por números añade tres subcomandos al filtro anterior: Los 10 primeros..., Por encima de la media y Por debajo de la media.

El subcomando Primeros 10... permite activar una ventana llamada Filtro automático primeros 10 en la que se pueden seleccionar los diez primeros valores más altos o los diez primeros valores más bajos de toda la columna considerada.

Actuando sobre la casilla de la derecha, tenemos la posibilidad de seleccionar, o considerar, los valores más altos o más bajos no en función de su valor absoluto, sino con referencia a un porcentaje del total de valores disponibles, como se muestra en la figura 7.6.

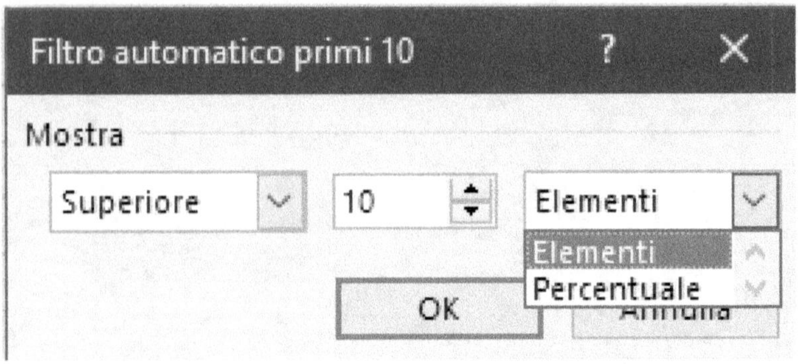

Figura 7.6 Filtro automático top 10

Hay que señalar que las filas mostradas con el comando Primeros 10... no aparecerán según el valor seleccionado por nosotros, sino que será posible ordenarlas seleccionándolas y eligiendo el comando Ordenar situado dentro de la pestaña Datos de nuestra cinta de opciones.

El subcomando Filtro personalizado nos permite crear filtros particulares basados en expresiones lógicas, incluso bastante complejas. Una vez activado, se abre la ventana Filtro personalizado, como puede verse en la figura 7.7.

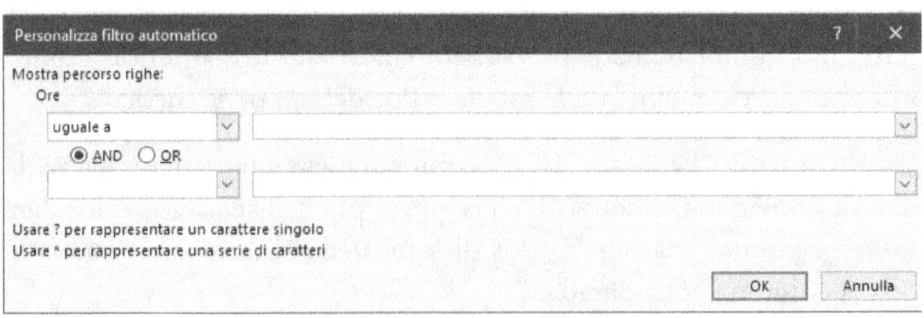

Figura 7.7 Filtro personalizado

La ventana Personalizar filtro automático permite crear uno o dos criterios de selección. Si quisiéramos crear dos, por ejemplo, se podrían combinar con el operador lógico AND o, viceversa, utilizar el operador lógico OR para que se cumpla la condición de un solo valor.

Recordemos que el operador lógico AND es un operador de conjunción entre dos proposiciones lógicas. El operador lógico OR, por su parte, es un operador de disyunción o separación entre dos proposiciones lógicas.

También se puede crear un filtro personalizado en un campo que contenga valores de texto escribiendo en el cuadro de entrada de texto (el de la derecha en nuestro ejemplo) una cadena que se buscará dentro del campo seleccionado.

También existe una última opción para filtrar datos, más compleja, denominada Avanzada.

Para activarlo, debemos seleccionar la pestaña Datos de nuestra cinta de opciones y hacer clic en el comando Avanzado. Este comando nos permite definir un criterio de selección mucho más complejo basado en varios criterios de comparación referidos a varias columnas. Puede ver una ventana de este tipo en la figura 7.8.

Figura 7.8 Filtro avanzado

El filtro avanzado requiere más atención. El criterio de selección debe crearse primero en cualquier posición de la hoja, preferiblemente fuera de la tabla que estamos considerando.

Un criterio se compone de al menos un nombre de columna y un valor, que deben estar en dos celdas superpuestas. Por lo tanto, al considerar dos celdas, la primera debe contener el nombre de la columna que nos interesa, mientras que la segunda puede contener una cadena de caracteres, un valor numérico o una fecha. Las coordenadas de las dos celdas deben introducirse en la casilla Rango de criterios.

En la casilla que contendrá finalmente una cadena, los comodines como * y ? Por ejemplo, si quisiéramos hacer una búsqueda en la columna Apellidos escribiríamos este nombre en la primera celda y, en la segunda, escribiríamos nuestra opción que podría ser ésta: *mm*. Es decir, pedimos que se consideren todos los apellidos de cualquier longitud y nombre siempre que contengan la doble m.

La ventana contiene dos opciones, una llamada Filtrar la lista en su sitio (es la opción por defecto y hace que se oculten las filas que no coincidan con nuestros criterios) y la otra es Copiar a otra ubicación. Al seleccionarla, se abre un tercer cuadro de texto Copiar a en el que se pueden introducir los datos de identificación de un nuevo rango en el que obtener una copia de las celdas filtradas.

La última casilla, la denominada Copia de registro único, nos permite determinar si deseamos tener una copia de todos los registros que cumplan nuestros criterios de filtrado o si se permiten duplicados.

Gráficos

Un gráfico no es más que un dibujo geométrico que representa una o varias relaciones entre una o varias series de valores. Por tanto, el elemento fundamental de un gráfico no puede ser otro que la serie de datos a representar, por lo que su finalidad es resaltar las diferencias entre los datos de una serie y los de otra.

Los datos que serán de interés para nuestro gráfico se representan, mediante distintas técnicas que veremos, en un plano geométrico llamado área de parcela, delimitado por dos ejes, uno vertical llamado eje y y otro horizontal, el eje x..

1. Histogramas

Los histogramas, o también conocidos como gráficos de columnas, se encuentran entre los gráficos más populares y fáciles de entender y construir. Los datos se representan como columnas verticales cuya altura viene definida por el valor de cada punto de datos.

Para crear un histograma, basta con ir a la pestaña Insertar de la cinta de opciones y hacer clic en Gráficos. Aquí simplemente seleccionamos el icono de la columna como se muestra en la figura 8.1.

Figura 8.1 Gráficos

El gráfico se rellenará automáticamente y se mostrará junto a nuestra tabla como se muestra en la figura 8.2.

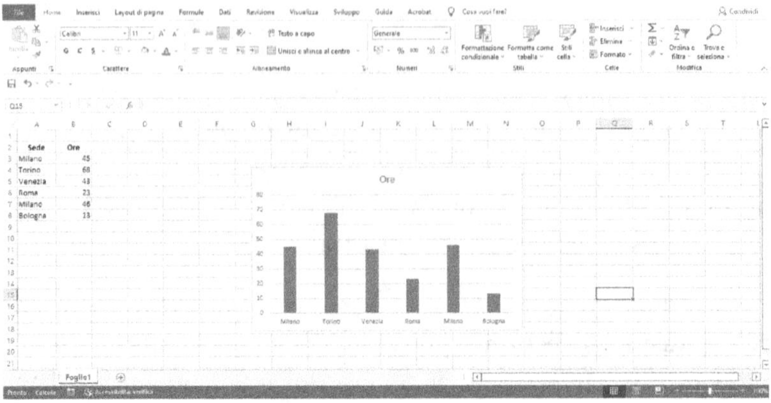

Figura 8.2 Histograma

Si se sitúa en el gráfico y hace clic, se activarán dos nuevas pestañas en la cinta de opciones: estructura y formato del gráfico, representadas por las ilustraciones de la Figura 8.3 y la Figura 8.4..

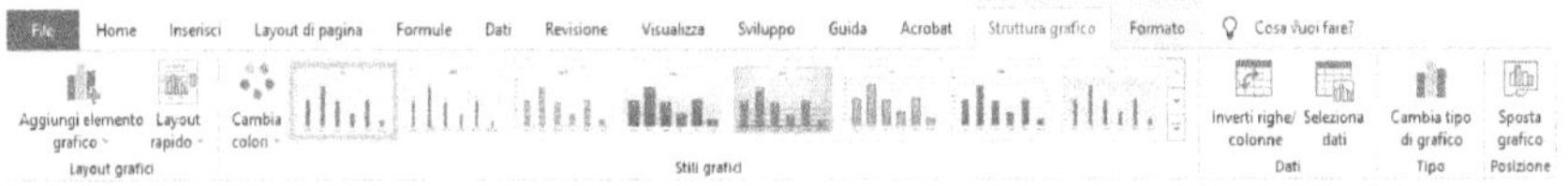

Figura 8.3 Estructura gráfica

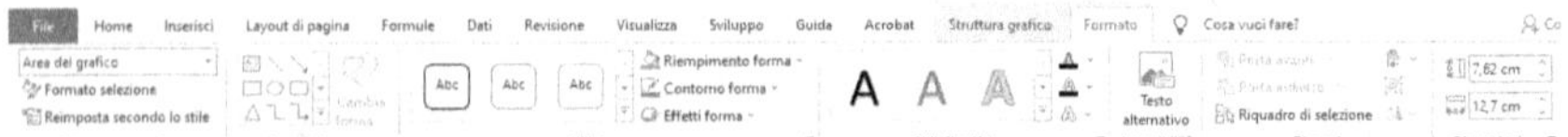

Figura 8.4 Formato

En las dos nuevas pestañas que se crean, puedes personalizar el gráfico a tu gusto, desde los colores hasta el estilo de las columnas, con la posibilidad de integrar la leyenda y los títulos del gráfico o invertir las columnas. También es posible tener el gráfico en versión 3D.

5. Gráficos circulares

El gráfico circular se utiliza como representación de las proporciones relativas de los datos de una serie, es decir, su incidencia porcentual en relación con la suma de todos los valores de la serie.

Hay que tener muy presente que una representación de este tipo sólo es útil y eficaz si el número de valores que componen la serie no es grande, digamos no más de cinco o seis trozos (o trozos de tarta, como se dice más comúnmente), ya que de lo contrario, si los valores a representar fueran muy altos, el resultado sería difícil de leer.

Podemos ver un claro ejemplo de ello en la figura 8.5.

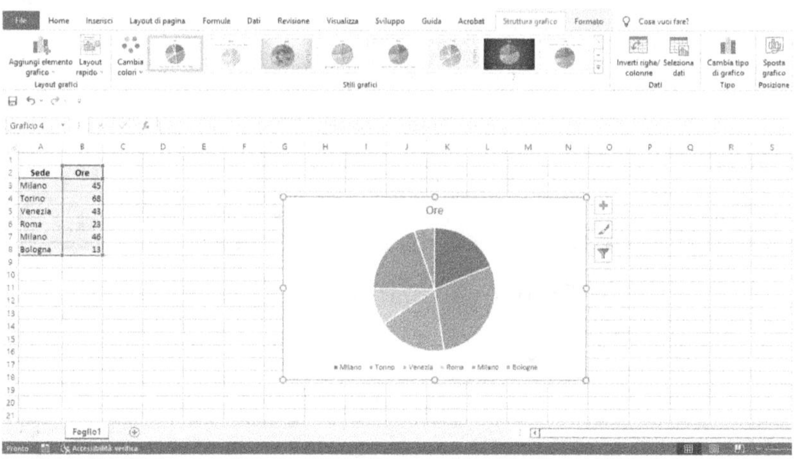

Figura 8.5 Diagrama circular

6. Gráficos de barras apiladas

En realidad, los gráficos de barras no son más que histogramas con las columnas dispuestas horizontalmente. A menudo se prefiere un gráfico de este tipo al histograma cuando las etiquetas que describen los datos son especialmente largas y, por tanto, tendrían dificultades para representarse de forma legible en la base de las columnas del histograma.

La figura 8.6 muestra un ejemplo de gráfico de barras.

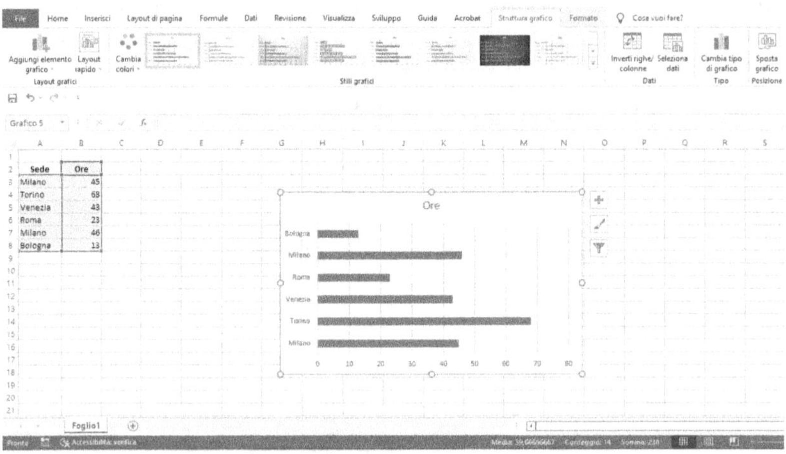

Figura 8.6 Gráfico de barras

5. Gráficos de líneas

Los gráficos lineales representan una o varias series de datos como líneas que unen puntos que identifican valores en el plano del gráfico. Se utilizan principalmente para representar fenómenos de larga duración en el tiempo y para indicar tendencias.

Un gráfico lineal es el que se muestra en la Figura 8.7

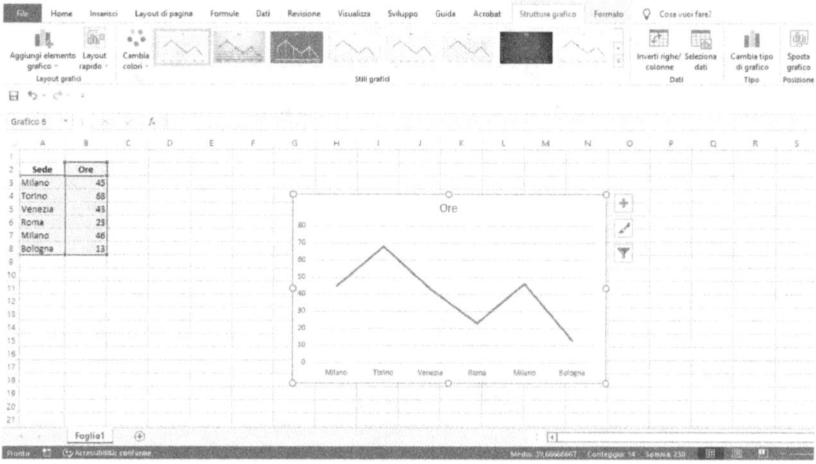

Figura 8.7 Grafico a Linee

7. Gráficos de área

El gráfico de áreas es simplemente un gráfico de líneas con la parte por debajo de la línea rellena de un color diferente para cada serie. Es extremadamente útil para identificar las tendencias de los datos a lo largo del tiempo.

La figura 8.8 es un ejemplo.

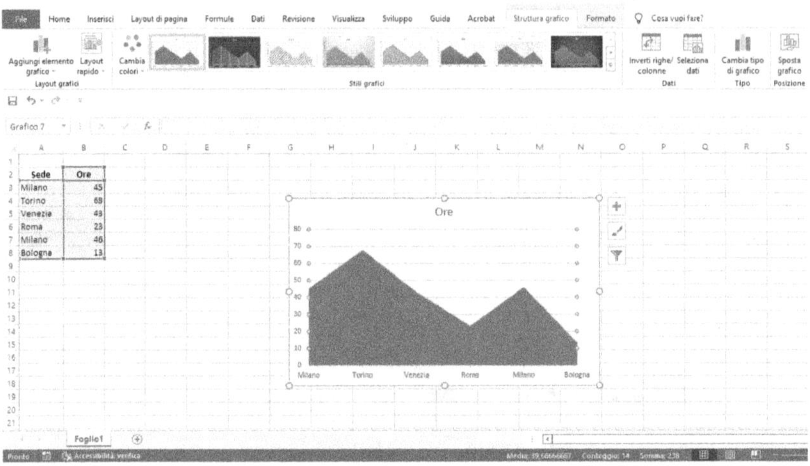

Figura 8.8 Gráfico de áreas

8. Gráficos de radar

El gráfico de radar toma este nombre del hecho de que muchas veces, gráficamente, adoptan la apariencia de una antena de radar porque utilizan un eje distinto para cada categoría y estos ejes están diferenciados del centro del gráfico. Por lo tanto, cada valor se representa en el eje correspondiente. Son importantes porque permiten representar varios conjuntos de datos y correlacionarlos entre sí..

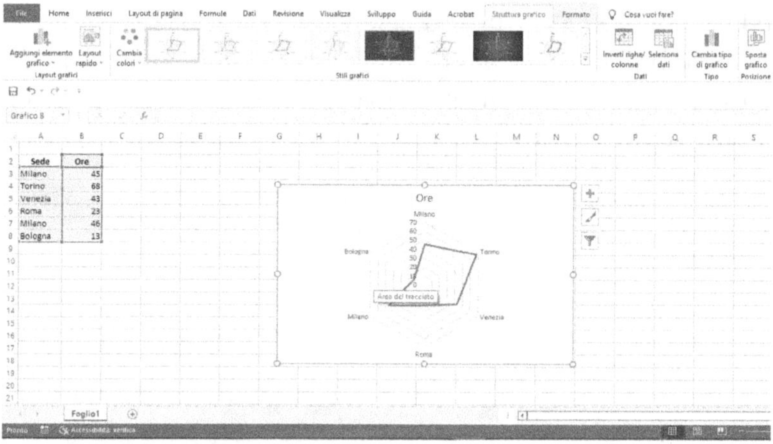

Figura 8.9 Gráfico de radar

9. Gráficos Sparkline

Una característica importante de Excel es que permite crear los llamados gráficos sparkline, que son gráficos en miniatura basados en un único conjunto de datos y contenidos íntegramente en una sola celda.

Para crear un gráfico de destellos, debe ir a la pestaña Insertar de la cinta y, en la sección Gráficos de destellos, elegir uno de los tres tipos de gráfico presentes: Línea, Histograma y Positivo/Negativo.

En este momento aparecerá una ventana llamada Crear gráficos sparkline, donde se debe indicar el rango de datos a representar. Una vez identificada la posición en la que crear el gráfico sparkline, que debe estar en la hoja de cálculo activa, pulse el botón Aceptar con el botón izquierdo del ratón.

Ya se puede visualizar el gráfico de destellos que hemos solicitado. Un ejemplo puede verse en la figura 8.10.

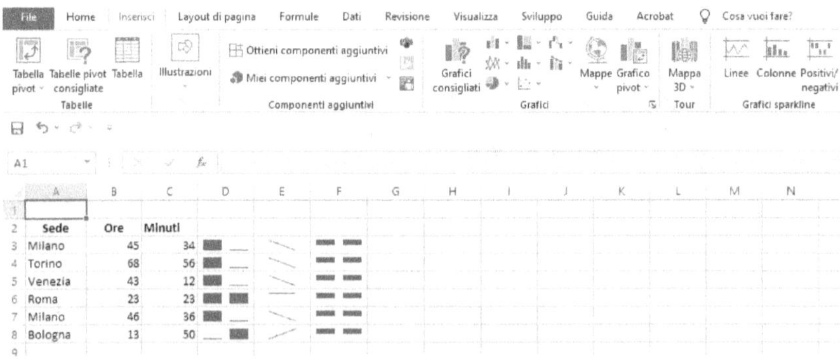

Figura 8.10 Gráficos Sparkline

10. Grafici 2D e 3D

Todos los gráficos que hemos examinado tienen una característica representativa: son gráficos 2D.

Sin embargo, Excel, al ser un potente programa de gestión, también permite dibujar gráficos en 3D. Todos los gráficos, en particular los histogramas y los gráficos circulares, pueden representarse también en versión tridimensional. Basta con seleccionar la versión 3D en los submenús de los distintos tipos de gráficos. Las figuras 8.11 y 8.12 le muestran la selección y un gráfico en versión 3D.

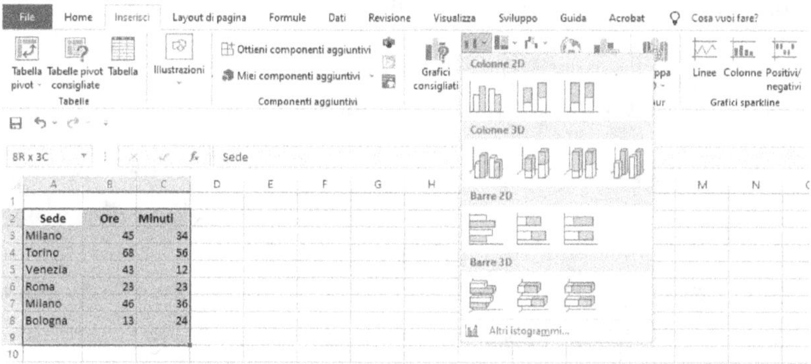

Figura 8.11 Selección de gráficos 3D

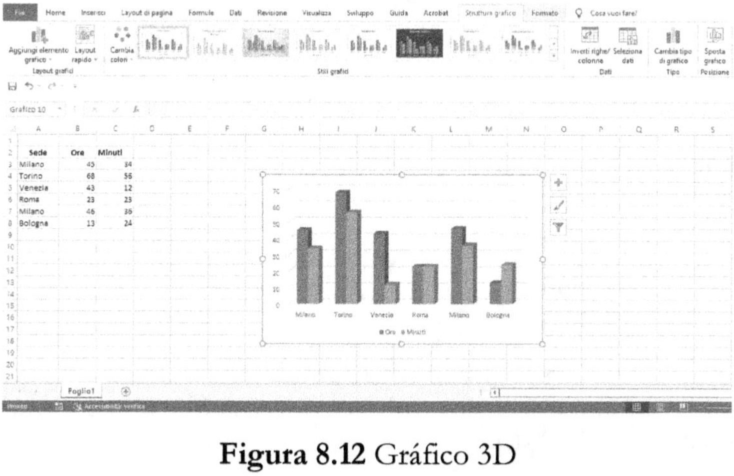

Figura 8.12 Gráfico 3D

Fórmulas

Antes hemos mencionado las fórmulas que pueden introducirse en las celdas para obtener un resultado inmediato. Cabe señalar que dicho resultado puede obtenerse combinando el número de celda con un valor determinado.

Si, por ejemplo, necesitáramos tener en una celda determinada el valor de otra celda multiplicado por 10, bastaría con situarnos en la celda que debe contener el resultado, digamos la celda B3, y escribir en ella la siguiente fórmula: = A1*10 donde A1 es la celda en la que hemos escrito el valor que nos interesa multiplicar.

La ventaja de utilizar esta fórmula es que nos permite, cambiando sólo un valor, tener siempre un resultado nuevo y actualizado.

En las fórmulas podemos, por supuesto, utilizar todos los operadores aritméticos que conocemos, como la suma, la resta, la multiplicación, la división y la elevación a una potencia. No sólo eso, sino que también podemos escribir fórmulas que no traten con datos numéricos, sino también con cadenas que se pueden encontrar en varias celdas.

Los operadores aritméticos utilizados en Excel son los siguientes:

Suma +;

Resta -;

Multiplicación *;

División /;

Elevación de potencia ^.

Si nos encontramos ante dos cadenas, por ejemplo, podemos utilizar el operador & para unirlas. Supongamos que tenemos en la celda A1 el nombre Mario y en la celda B1 el nombre Bianchi. Si nos interesa tener el nombre y los apellidos almacenados juntos en una celda, basta con ir a la celda C! y escribir la siguiente fórmula = A1 & " " & B1.

Habrás notado que hay un espacio en la fórmula, eso es para recordarle a Excel que ponga un espacio entre el nombre y el apellido, de lo contrario se escribirían sin separación pero contiguos.

Funciones

Hemos hablado de fórmulas, pero ¿qué son las funciones? ¿Y por qué es importante conocerlos?

Las funciones son fórmulas predefinidas que Excel identifica mediante una palabra clave seguida de corchetes. Dentro de esos corchetes están los argumentos, a veces también llamados parámetros de la función, es decir, los datos sobre los que se pide a la función que actúe.

La primera función muy sencilla que vamos a conocer es la función SUM() que ya vimos cuando hablamos de la suma automática.

1. SUMA()

La función SUMA() es quizás, con diferencia, la función más utilizada en Excel. Devuelve, en la celda donde se introduce, el resultado de sumar todos los datos contenidos en el rango de celdas indicado dentro de los corchetes como argumento de la función.

Por ejemplo, la siguiente función =SUMA(A1:C10) calcula la suma de los valores contenidos en las celdas comprendidas entre A1 y C10. Cuidado, si por casualidad no hubiera números sino cadenas en algunas celdas del rango en cuestión, éstas se ignorarían. Recuerde siempre que las cadenas son series alfabéticas.

Pero, ¿y si quisiéramos calcular la suma de todos los valores contenidos en la columna B? Simple y directo, basta con escribir

=SUMA(B:B). Fácil e intuitivo será también el procedimiento si queremos sumar todos los elementos de una fila, pongamos que nos interesa la fila 5, simplemente teclearemos =SUMA(5:5).

Como puede ver, saber utilizar los intervalos es sumamente conveniente, además de ser un comodín en situaciones largas y complejas, hasta el punto de que nuestro proyecto aumentará cada vez más el número de elementos de datos que hay que tener en cuenta.

En Excel, cuando se trata de funciones, siempre debe escribir "=" y empezar a escribir la primera letra para que el programa le solicite una lista de funciones que reflejen los parámetros que está escribiendo.

2. SUMAR.SI()

SUMAR.SI() es una función que pertenece al grupo de las categorías matemáticas y trigonométricas y permite obtener en una celda, en la que se inserta esta función, la suma de sólo los valores numéricos presentes en un rango de celdas dado, que también puede tener celdas vacías o cadenas alfabéticas.

La sintaxis (es decir, la forma en que está escrita esta función) proporciona tres argumentos, dos de los cuales son absolutamente obligatorios:

SUMAR.SI(rango; criterio; [int_suma])

Por rango nos referimos obviamente a todo el rango de celdas a tener en cuenta, mientras que el criterio determina la forma en que deben seleccionarse las celdas especificadas en el rango. El último argumento especifica un rango a sumar distinto de range; si decidimos omitirlo (como se ha dicho, es opcional), se sumarán todos los valores de las celdas indicadas en range.

Pongamos un breve ejemplo: supongamos que, dado un número de alumnos que necesitan tutoría en determinadas asignaturas, queremos calcular el número total de horas que se han dedicado a compensar posibles insuficiencias en matemáticas. La figura 9.1 aclara el mecanismo:

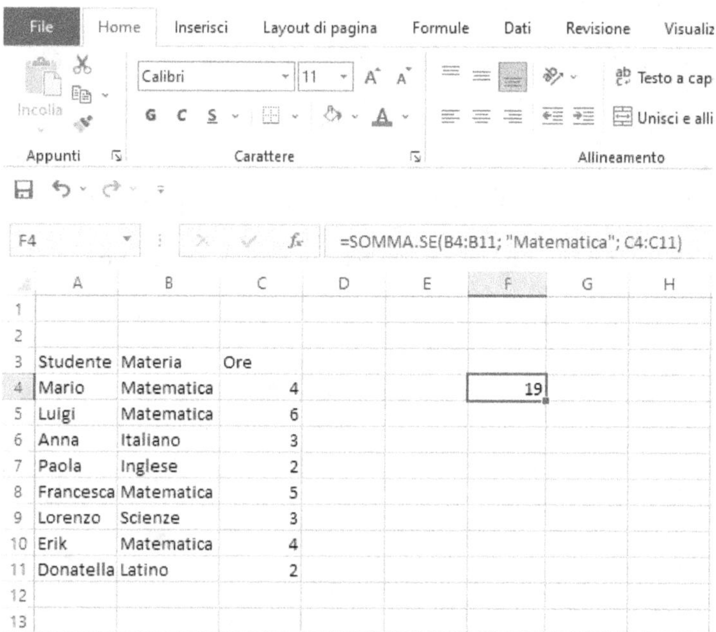

Figura 9.1 Sumar.si()

Como puede verse en la vista, es muy importante ser preciso con los rangos de celdas y el argumento, que debe escribirse entre superíndices y de la misma forma que en la parte superior de la columna.

SUMAR.SI.CONJUNTO

A diferencia de SUMA.SI(), la función SUMAR.SI.CONJUNTO() nos permite sumar valores que cumplan varios criterios, si se quiere es un poco el plural de la función anterior.

La sintaxis es la siguiente:

SUMAR.SI.CONJUNTO (int_suma; intervalo_criterios1; criterios1; [intervalo_criterios2; criterios2]; ...)

Aquí, el intervalo que será objeto de la suma es el primer argumento de la función, seguido del intervalo criterio y del propio criterio.

En la Figura 9.2 puede ver un ejemplo de una función de este tipo.

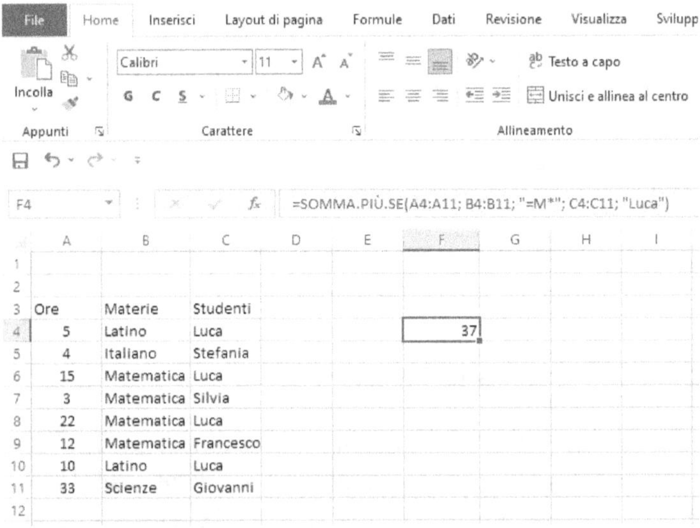

Figura 9.2 SUMAR.SI.CONJUNTO()

Esta vez queríamos saber cuántas horas de repetición en matemáticas tenía el alumno Luca. Como se puede ver en el ejemplo, como criterio para Matemáticas escribimos M seguido de *, obviamente esto se hizo para agilizar la escritura sabiendo que la única asignatura presente que empezaba por M era precisamente Matemáticas.

Sin embargo, si también hubiera habido Música, el criterio habría llevado a la función a sumar también esas horas. Recuerde, por tanto, ser siempre extremadamente preciso al redactar el criterio.

3. CONTAR.SI()

La función CONTAR.SI() es de hecho una función estadística y nos permite contar el número de valores que corresponden a un determinado criterio. Esta es la sintaxis:

CONTAR.SI(rango; criterio)

Donde rango es el conjunto de celdas que queremos tener en cuenta para la función y criterio indica cuáles de esas celdas serán contadas.

La figura 9.3 nos muestra esta función.

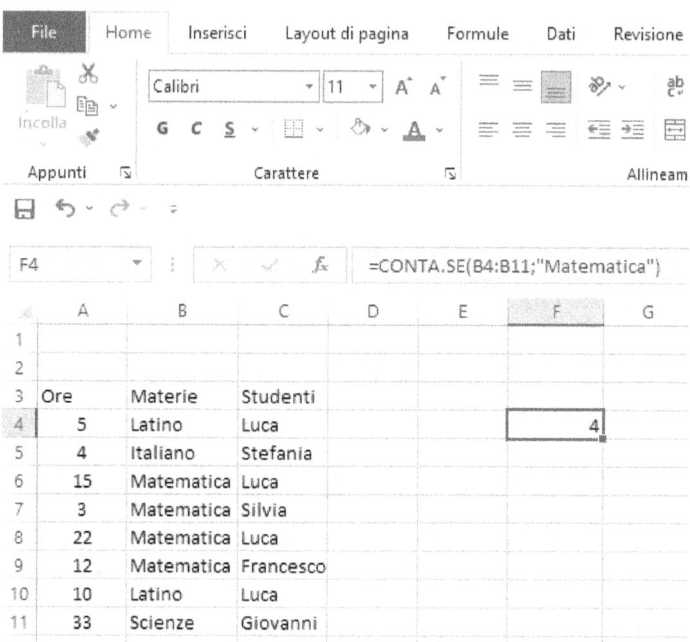

Figura 9.3 CONTAR.SI

Como puede verse en la fórmula, hemos pedido a la función que cuente el número de celdas de la columna B que contienen la asignatura Matemáticas.

4. PROMEDIO()

La función PROMEDIO(), como se deduce de su nombre, nos permite conocer el valor medio de una lista de valores de una columna determinada. Esta es la sintaxis:

PROMEDIO(num1; [num2]; ...)

Donde num1 indica un número o la celda de referencia.

Si, por ejemplo, quisiéramos calcular la media de los veinte primeros números de la columna A, ésta sería la función correcta: =PROMEDIO(A1:A20).

5. BUSCAR()

BUSCAR() es una función de búsqueda, en base a un determinado criterio me dice a quién corresponde un determinado valor.

Su sintaxis es la siguiente

BUSCAR(valor, vector, [resultado])

Donde valor es el valor que buscamos dentro del vector y puede ser un número o un valor, el vector puede contener una fila o una columna, resultado es un rango de filas o columnas en el que se encuentran los datos correspondientes al valor que buscamos. La figura 9.4 es un ejemplo.

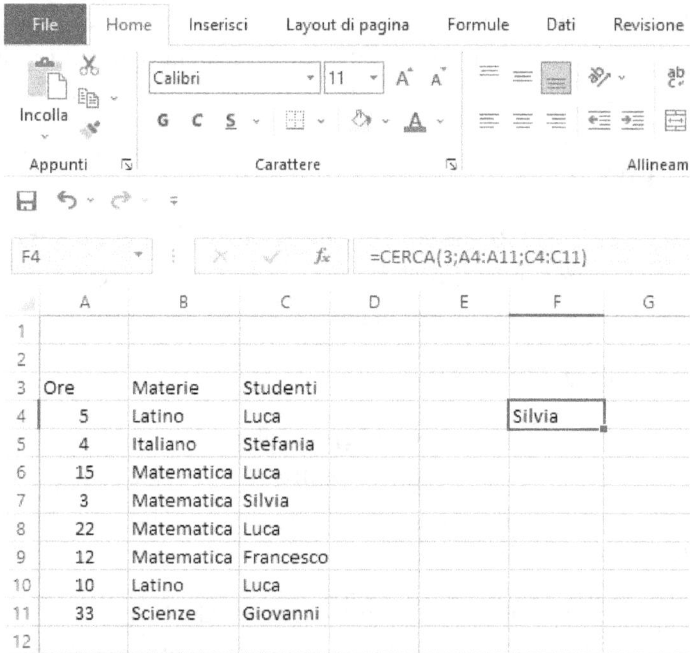

Figura 9.4 BUSCAR()

En este caso, pedimos a nuestra función que buscara al alumno que sólo había hecho tres horas de repetición.

6. BUSCARV()

La función BUSCARV() nos permite, a diferencia de la anterior, buscar dentro de varias filas o columnas. Esta es su sintaxis:

BUSCARV (valor; tabla_matriz; índice; [rango])

Donde valor es el valor a buscar dentro de nuestros datos, matriz_tabla es el rango de celdas en el que se buscará el valor (este rango también puede corresponder a una tabla entera).

El índice es el número de columna que contiene el valor a devolver (recuerda siempre que empezamos por la columna más a la izquierda, que es la columna A), y el rango, que es opcional, indica el valor lógico de si queremos encontrar una coincidencia exacta o aproximada.

7. HALLAR()

La función HALLAR() está construida de forma muy sencilla, es decir, requiere conocer dos parámetros: qué buscamos y dónde lo buscamos. Su sintaxis es la siguiente:

HALLAR(texto;cadena;[inicio])

Texto es el texto, número o secuencia objeto de nuestra búsqueda, cadena indica el rango en el que se realizará nuestra búsqueda e inicio nos permite, opcionalmente, introducir un carácter que debe estar presente en nuestro resultado.

Un ejemplo de función es el siguiente: =HALLAR("i"; A2;8). Esta función nos indica el número de posición de la letra i contenida en la cadena de la celda A2 a partir del octavo carácter.

8. DERECHA()

La función DERECHA() se utiliza para recibir un número determinado de caracteres, de una cadena, empezando por el final.

Su notación es la siguiente:

DERECHA(texto;[num_caratt])

En text introduciremos el número de la celda que contiene la cadena que nos interesa, mientras que en num_caratt introduciremos el número de caracteres que deseamos extraer.

Supongamos que la celda A2 contiene la cadena Silvia. Si escribimos la siguiente función =DERECHA(A2;1), el resultado devolverá el carácter a, es decir, la última letra de la cadena Silvia.

Tenga en cuenta que si decide omitir el número de caracteres, Excel devolverá automáticamente el último carácter de la cadena.

9. IZQUIERDA()

De forma totalmente complementaria, la función IZQUIERDA() permite extraer los caracteres situados más a la izquierda de una determinada celda.

Por tanto, su notación será la siguiente:

IZQUIERDA(texto;[num_caratt])

Por texto entendemos la coordenada de la celda que contiene la cadena de interés, y por num_caratt el número de caracteres que deseamos extraer.

Siguiendo con el ejemplo dado con la función DERECHA de una celda A2 que contiene la cadena Silvia, en este caso introducimos la siguiente función. =IZQUIERDA(A2;1) el resultado que obtendremos será la letra "S".

10. FECHA()

La función FECHA() es una de las funciones más ricas de Excel, con una veintena de subfunciones. Veamos ahora en qué consiste y cuáles son los más importantes.

En primer lugar, debemos recordar que cuando escribimos la cadena 27/03/2022 en una celda, ésta es reconocida inmediatamente por Excel como la fecha, hasta el punto de que el programa cambia inmediatamente el formato de la celda de General a Fecha.

La función FECHA() devuelve el número secuencial que representa una fecha única, lo que nos permite realizar operaciones con fechas.

La sintaxis de la función es:

FECHA(año;mes;día)

La identificación y el significado de los argumentos son en sí mismos intuitivos.

Si queremos saber con precisión la fecha de hoy, basta con escribir la función =HOY() en una celda y Excel mostrará la fecha del día.

Es importante la función FECHANUMERO(), que nos permite convertir una fecha almacenada en una celda en un número de serie, lo que nos permite realizar determinadas operaciones, incluido el filtrado de datos.

Para obtener el valor en serie de una fecha, basta con utilizar la siguiente sintaxis:

FECHANUMERO(fecha)

Si introdujéramos la función =FECHANUMERO("27/03/2022") en una celda cualquiera, obtendríamos su número de serie, que es 44647..

11. SI()

La función SI() es una de las más famosas de Excel junto con SUMA(). Aquí estamos en el ámbito de lo condicional y lo lógico, y permite obtener dos tipos de resultados: verdadero o falso.

Esta función permite realizar una comparación lógica entre un valor y un resultado.

Por tanto, su sintaxis será la siguiente:

SI(prueba; si_verdadero;si_falso)

Donde test representa una operación de comparación, if_true es el valor que se devolverá si la comparación ha generado un valor lógico verdadero, if_false si el valor es falso.

Supongamos que tenemos una casilla como A3 en la que está el valor 20 y que introducimos, en una casilla vacía, la siguiente función: =SI(A8>10; "Verdadero"). El resultado de esta función será la aparición de la palabra True en nuestra celda.

En su simplicidad, la función SI() es extraordinariamente importante en Excel porque permite construir fórmulas aún más complejas, empezando por las fórmulas anidadas.

12. ESERROR()

Esta función nos permite saber si un valor, o una expresión, suministrada puede devolver un error. Por tanto, su sintaxis será la siguiente:

ESERROR(valor)

Donde valor identifica la coordenada de la celda en la que está encerrado el valor que queremos analizar, o una cadena.

El valor devuelto será true si hay un error, y false si no hay ningún error en nuestra celda..

13. INDICE()

La función INDICE() nos permite obtener un valor de un rango o de toda una tabla, en función de la posición.

Esta es su sintaxis:

INDICE(array; fila; [col])

Un array es un rango de celdas; row es la posición de la fila en nuestra referencia y col es la posición de la columna.

Por tanto, si escribiéramos la siguiente función =INDICE(A1:C11;5;3) obtendríamos el valor contenido en la celda C5, es decir, el situado en la quinta fila y tercera columna.

14. COINCIDIR()

La función COINCIDIR() nos permite buscar un elemento determinado dentro de un rango, devolviendo así la posición relativa de dicho elemento. Su sintaxis es la siguiente:

COINCIDIR(valor; array; [coincidencia])

Con valor buscamos el dato coincidente dentro de nuestra matriz. Si nuestra matriz fuera un conjunto de direcciones y quisiéramos encontrar el código postal, el apellido de la persona sería el valor de búsqueda, mientras que el código postal de su dirección sería el valor deseado. Debe especificarse que el valor puede ser un número, una celda, un texto o un valor lógico.

Matriz no es más que el rango de celdas dentro del cual se realizará nuestra búsqueda; corrisp, que es opcional, indica cómo debe Excel comparar el argumento valor con los contenidos en la matriz.

Aclaremos la función con un ejemplo: supongamos que el rango A1:A3 incluye los valores 8, 12 y 40, la fórmula =COINCIDIR(12;A1:A3;0) devolverá el número 2 porque 12 es el segundo elemento del rango.

15. Errores

Cuando escribimos una función, siempre hay un error a la vuelta de la esquina, ya sea por distracción o por desconocimiento de la función, Excel siempre tiende a avisarnos del error cometido explicándonos, en su propio lenguaje, qué tipo de error hemos cometido.

Característica de la notificación de errores en Excel, es una cadena precedida por el símbolo # (almohadilla) seguida de una indicación muy concisa del error.

El siguiente cuadro resume de forma clara e inmediata los posibles errores que nos podemos encontrar. Conocerlos es muy importante, sobre todo para que puedas entender inmediatamente qué has hecho mal.

ERRORE	SIGNIFICADO
#NULLO!	Se refiere a dos áreas que no se cruzan
#DIV/0!	División por cero
#VALORE!	El argumento introducido en la función es erróneo o inexistente
#RIF!	Las celdas indicadas como rango o referencia no pueden localizarse
#NOME?	El nombre al que se hace referencia es incorrecto o inexistente
#NUM!	Uso incorrecto de un número dentro de la función
#N/D	La función no puede encontrar el valor requerido

Antes de terminar la sección sobre funciones, me gustaría decir unas palabras sobre la importancia de los paréntesis. Te habrás dado cuenta de que en los distintos ejemplos, todas las funciones las requieren, y como Excel es un software de tipo de gestión, la precisión es absoluta. Por lo tanto, especialmente cuando escriba funciones más complejas o funciones con varios criterios de búsqueda, debe prestar mucha atención al uso de los paréntesis

Excel nos facilita el trabajo resaltando los distintos pares de paréntesis en distintos colores a medida que se van tecleando; en el caso de que las funciones estén anidadas, lo que permitiría que los paréntesis fueran paréntesis, Excel cambia el color de los distintos pares. Esto nos permite controlar algo absolutamente fundamental a lo que mucha gente no da demasiada importancia: cuando se abre un paréntesis, hay que cerrarlo. Esta es una ley fundamental que debemos tener bien presente, de lo contrario Excel señalará el error. En estos casos, la distracción siempre está a la vuelta de la esquina, así que antes de pensar que te has equivocado en el argumento o la función, comprueba siempre bien los paréntesis.

Base de datos en Excel

En la gestión informática de empresas o servidores de Internet, las bases de datos y su funcionalidad son cada vez más importantes. Su papel es absolutamente esencial hoy en día para el desarrollo no sólo de software, sino también para el almacenamiento de datos y la investigación. Basta pensar en los motores de búsqueda, que de hecho son enormes bases de datos que abarcan datos cada día y cuya importancia va en aumento.

Los datos están adquiriendo tanta importancia que también se han convertido en un activo económico que una base de datos también adquiere importancia en función de los datos que alberga. El almacenamiento, selección y análisis de datos que nos permite una base de datos es una mina de información que cobrará cada vez más importancia en un futuro próximo. Por lo tanto, comprender cómo funcionan y cómo seleccionan lòs datos es absolutamente esencial.

Pero, ¿qué es realmente una base de datos?

Una base de datos es una colección estructurada de información, creada con el propósito de poder acceder a ella, visualizarla y modificarla, ya sea localmente o en la red, sin tener que preocuparse de cómo está almacenada.

Los datos contenidos en las bases de datos se organizan en Tablas, sí igual que las tablas de Excel, las filas que forman estas tablas se llaman registros mientras que las columnas se llaman campos.

Por tanto, la mayor diferencia entre cualquier base de datos y una hoja de cálculo de Excel radica en que los registros y campos de una tabla no se identifican mediante códigos de celda como podrían ser A2 o C20, sino que se accede a ellos indicando el nombre de la tabla, el nombre de un campo y un criterio (o filtro) para seleccionar los registros contenidos en ese campo concreto.

Una ventaja indudable del uso de Excel es su capacidad de interactuar con cualquier base de datos para tomar datos de ella y, si es necesario, modificarlos dentro de la propia hoja de cálculo. No es poca ventaja, sobre todo para quienes no están familiarizados con SQL (el lenguaje de programación que hoy es estándar en la creación y gestión de bases de datos) o con la modificación e introducción de datos en una base.

En la figura 10.1, puede ver el comando que permite interconectar Excel con datos de una base de datos (u otra fuente de datos externa) para no sólo descargarlos, sino también modificarlos.

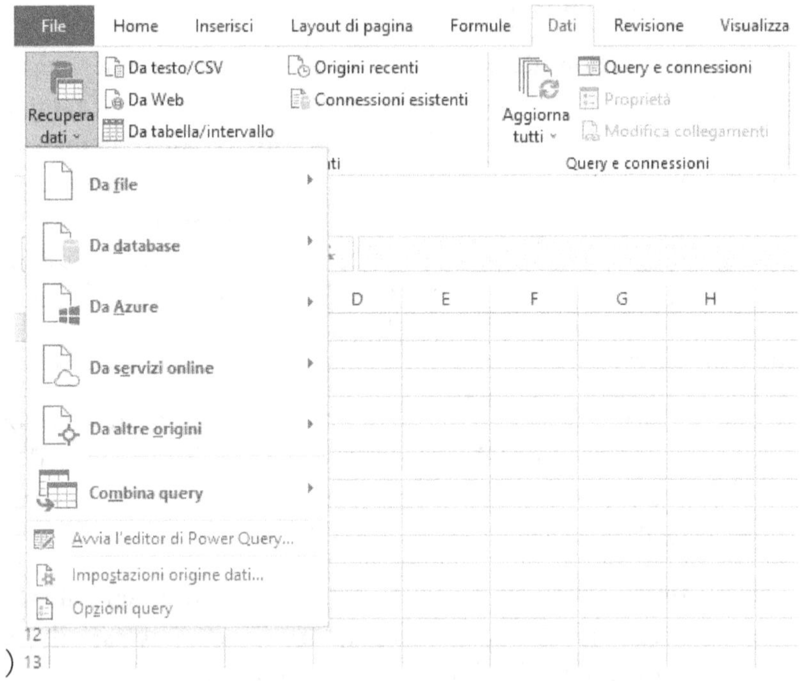

Figura 10.1 Recuperación de datos de bases de datos

Una pequeña mención a Azure: Microsoft Azure es una plataforma en la nube que ofrece una rica gama de servicios y, en particular, servicios gestionados de bases de datos. A través de esta plataforma, por poner un ejemplo, las empresas pueden gestionar servicios sin necesidad de una infraestructura local y ahorrar en ella.

Como puede verse en la figura, la lista de bases de datos que admite Excel es muy amplia y el procedimiento para recuperar datos de ellas es automático e intuitivo. Incluso puedes recuperar datos de una página web. Hablaremos de esto más adelante en la sección sobre Power Query.

Hay que señalar, sin embargo, que cuando se trata de una gran cantidad de datos, Excel no puede utilizarse como base de datos, ya que existen verdaderos programas diseñados para ello.

Si tienes Excel en tu ordenador, seguro que tienes el paquete Office y, con él, el programa Microsoft Access. Access es una base de datos diseñada para almacenar datos y realizar todas las operaciones que requiere cualquier base de datos. Access, a diferencia de Excel que no permite la construcción y gestión de bases de datos, es una base de datos porque le ofrece la posibilidad de crear relaciones entre tablas y de utilizar QUERY, es decir, cadenas de consulta, para gestionar los datos contenidos en la base de datos.

¿Qué es una base de datos Excel?

Esta pregunta ya ha sido respondida anteriormente, pero pensando en qué es una base de datos y qué elementos la componen, podemos decir brevemente que las bases de datos de Excel son listas en las que una lista no es más que una tabla dividida a su vez en filas y columnas. La primera fila contiene los títulos de las columnas (que en lenguaje de bases de datos hemos descubierto que son los campos), las demás filas, que contienen un elemento de nuestra lista, son lo que se llaman registros.

Un ejemplo sencillo y directo de base de datos con Excel es, por ejemplo, la lista de miembros de una asociación con número de socio, nombre y apellidos, dirección, número de teléfono móvil y dirección de correo electrónico.

Una vez que hemos creado nuestra base de datos (o más bien "lista" en términos de Excel), podemos hacer uso de ciertas funciones diseñadas para gestionar datos de esta forma. Son precisamente funciones desarrolladas para trabajar sobre bases de datos y que ya se distinguen por su nombre, que comienza, para todas ellas, con las letras DB (acrónimo de base de datos) seguidas del clásico punto con el que ya nos hemos familiarizado en el apartado de funciones y otra palabra clave. Lo característico de estas funciones es el uso de tres argumentos para identificar los posibles datos sobre los que trabajarán las funciones: el nombre de la base de datos, el campo (o columna) y un criterio que permita seleccionar los datos dentro de nuestro campo de interés.

Hay doce funciones implicadas, y podemos hacernos una breve idea de ellas desplazándonos y leyendo nuestra tabla que resume estas funciones

FUNCIÓN	RESULTADO
BDCONTAR	Contar las celdas que contienen números
BDCONTARA	Contar las celdas que contienen datos
BDDESVEST	Proporciona una estimación de la desviación típica basada en una muestra limitada de los elementos seleccionados.
BDDESVESTP	Proporciona una estimación de la desviación típica basada en todos los elementos seleccionados
BDVAR	Proporciona una estimación de la varianza basada en una muestra de artículos seleccionados

BDVARP	Realiza la desviación sobre la base de todos los elementos seleccionados
BDMAX	Entregar el valor máximo de los artículos seleccionados
BDPROMEDIO	Calcula el promedio de los elementos seleccionados
BDMIN	Entregar el valor mínimo de los artículos seleccionados
BDPRODUCTO	Multiplica los valores de un campo determinado de los registros que cumplen unos criterios específicos.
BDSUMA	Suma los valores de un campo determinado de los registros que cumplen unos criterios específicos.
BDEXTRAER	Contar las celdas que contienen un elemento de datos.

1. BDCONTAR()

La función BDCONTAR() permite contar todas aquellas celdas que contienen números dentro de un campo (columna) de un registro de lista.

Esta es la sintaxis de la fórmula:

BDCONTAR (base de datos; campo; criterios)

Donde base de datos es el rango de celdas que constituyen nuestra lista de interés (o base de datos); campo indica qué columna utiliza la función y criterios es el rango de celdas que contiene los criterios que especifican qué registros deben incluirse en el cálculo.

2. BDCONTARA()

La función BDCONTARA proporciona un recuento de las celdas no vacías de un campo (o columna) determinado de registros dentro de una lista (o base de datos) que pueden cumplir las condiciones especificadas.

La sintaxis de esta fórmula es la siguiente:

BDCONTARA (base de datos; campo; criterios)

Base de datos, por supuesto, es el rango de celdas que componen nuestra lista en consideración. El campo indica la columna que será utilizada por nuestra función, recordando introducir el nombre de la columna entre comillas. Los criterios, por su parte, son el rango de celdas que contienen las condiciones especificadas.

3. BDDESVEST ()

La función BDDESVEST nos da la desviación típica basada en una muestra utilizando los números presentes en un campo (o columna) de registros de una lista que satisfacen unas condiciones especificadas.

Para quienes no estén familiarizados con la estadística, conviene precisar que la desviación típica de una variable es una especie de índice sintético de las diferencias de los valores de cada observación con respecto a la media de la variable. En palabras aún más sencillas, es la desviación, o distancia, con respecto a la media.

La sintaxis es la siguiente:

BDDESVEST (base de datos; campo; criterios)

Base de datos es el rango de celdas que componen nuestra lista en consideración. El campo indica la columna que será utilizada por nuestra función, recordando introducir el nombre de la columna entre comillas. Criteria es el rango de celdas que contienen las condiciones especificadas.

4. BDDESVESTP ()

La función BDDESVESTP nos proporciona la desviación típica basada en todas las entradas seleccionadas utilizando los números de un campo (o columna) de registros de una lista que cumplan las condiciones especificadas.

BDDESVESTP (base de datos; campo; criterios)

Base de datos es el rango de celdas que componen nuestra lista en consideración. El campo indica la columna que será utilizada por nuestra función, recordando introducir el nombre de la columna entre comillas. Criteria es el rango de celdas que contienen las condiciones especificadas.

5. BDVAR ()

La función BDVAR () nos permite calcular la varianza a partir de una muestra utilizando los números de un campo de registro (o columna) de un elemento determinado.

Es útil precisar que la varianza es la dispersión de los valores de una variable dada en torno al valor medio. Cuanto menor sea la varianza, más concentrados estarán los valores de nuestra variable en torno al valor medio.

Esta es la sintaxis:

BDVAR (base de datos; campo; criterios)

Base de datos es el rango de celdas que componen nuestra lista en consideración. El campo indica la columna que será utilizada por nuestra función, recordando introducir el nombre de la columna entre comillas. Criteria es el rango de celdas que contienen las condiciones especificadas.

6. BDVARP()

La función BDVARP nos permite calcular la varianza basada en todas las entradas seleccionadas utilizando los números de un campo de registro (o columna) en un elemento determinado.

Esta es la sintaxis:

BDVARP (base de datos; campo; criterios)

Base de datos es el rango de celdas que constituye nuestra lista en cuestión. El campo indica la columna que será utilizada por nuestra función, recordando introducir el nombre de la columna entre comillas. Criteria es el rango de celdas que contienen las condiciones especificadas.

7. BDMAX ()

La función BDMAX nos permite obtener el mayor número de registros de un determinado campo (o columna) en una lista concreta.

Esta es la sintaxis:

BDMAX (base de datos; campo; criterios)

Base de datos es el rango de celdas que componen nuestra lista en consideración. El campo indica la columna que será utilizada por nuestra función, recordando introducir el nombre de la columna entre comillas. Criteria es el rango de celdas que contienen las condiciones especificadas.

8. BDPROMEDIO ()

La función BDPROMEDIO permite obtener la media de los valores de un determinado campo (o columna) de los registros de una lista concreta.

Esta es la sintaxis:

BDPROMEDIO (base de datos; campo; criterios)

Base de datos es el rango de celdas que componen nuestra lista en consideración. El campo indica la columna que será utilizada por nuestra función, recordando introducir el nombre de la columna entre comillas. Criteria es el rango de celdas que contienen las condiciones especificadas.

9. BDMIN ()

La función BDMIN nos permite obtener el número más pequeño de un campo (o columna) específico de registros en una lista concreta.

Esta es la sintaxis:

BDMIN (base de datos; campo; criterios)

Base de datos es el rango de celdas que componen nuestra lista en consideración. El campo indica la columna que será utilizada por nuestra función, recordando introducir el nombre de la columna entre comillas. Criteria es el rango de celdas que contienen las condiciones especificadas.

10. BDPRODUCTO ()

La función BDPRODUCT nos permite multiplicar los valores de un campo (o columna) de registros de una base de datos determinada.

Esta es la sintaxis:

BDPRODUCTO (base de datos; campo; criterios)

Base de datos es el rango de celdas que componen nuestra lista de registros. El campo indica la columna que será utilizada por nuestra función, recordando introducir el nombre de la columna entre comillas. Los criterios son el rango de celdas que contienen las condiciones especificadas.

Debe especificarse que puede utilizarse cualquier rango como argumento de los criterios, siempre que tenga al menos una etiqueta de columna, y una celda debajo de la etiqueta de columna en la que se especifique la condición.

11. BDSUMA ()

La función BDSUMA nos permite sumar los valores de un campo determinado de los registros que pueden cumplir los criterios especificados.

Esta es la sintaxis:

BDSUMA (base de datos; campo; criterios)

Base de datos es el rango de celdas que constituye nuestra lista que se utilizará. El campo indica la columna que será utilizada por nuestra función, recordando introducir el nombre de la columna entre comillas. Criteria es el rango de celdas que contienen las condiciones especificadas.

12. BDEXTRAER ()

La función BDEXTRAER permite extraer un único valor de una lista o base de datos que refleje las condiciones dadas.

Esta es la sintaxis:

BDEXTRAER (base de datos; campo; criterios)

Base de datos es el rango de celdas que componen nuestra lista en consideración. El campo indica la columna que será utilizada por nuestra función, recordando introducir el nombre de la columna entre comillas. Criteria es el rango de celdas que contienen las condiciones especificadas.

Por qué utilizar las funciones de base de datos de Excel: ventajas e inconvenientes

Como hemos explicado en el apartado anterior, es un tanto inexacto definir Excel como una base de datos, ya que la mayor desventaja de este programa es que se limita a una única lista, es decir, a una única tabla, sin poder tener relaciones con otras tablas y sin tener la posibilidad de realizar CONSULTAS.

Recordemos brevemente que el término QUERY se utiliza en el ámbito de las bases de datos para indicar la consulta de una base de datos por parte de un usuario; dicho de forma aún más sencilla, un Query no es más que la palabra que se teclea en el recuadro de Google para iniciar la búsqueda dentro del motor.

Dicho esto, es indudable que las funciones de base de datos de Excel presentan ciertas ventajas que no pueden pasarse por alto y que, en cierta medida, ya se han puesto de manifiesto en el análisis que hemos hecho de estas funciones en la sección anterior.

Sin duda, son en promedio sencillas de usar y entender (siempre que te adentres en la lógica de las bases de datos entendiendo cómo piensan estas soluciones informáticas) e, independientemente de la función que quieras usar o necesites, te habrás dado cuenta de que los tres parámetros que hay que pasar a la función siempre son los mismos en todas ellas. Esto hace que sea mucho más rápido y fácil de escribir y memorizar.

Una ventaja apreciable es que no requieren ninguna modificación para actualizar los resultados, como has leído en el apartado anterior sólo hay que cambiar los criterios.

Nos permiten utilizar operadores lógicos como AND u OR, dándonos así la posibilidad de convertirlos en filtros, y por tanto en selecciones de datos dentro de nuestras tablas u hojas de cálculo, mucho más complejas que el comando Filtro.

Los inconvenientes que encontramos son esencialmente dos: uno vinculado a la naturaleza de Excel y otro a las funciones.

Para poder utilizar las funciones de base de datos, debemos considerar cada una de las tablas que vamos a crear como una base de datos real. ¿Qué significa esto en la práctica? Que por ejemplo tendremos que asignar un nombre a todo el rango que ocupe nuestra tabla o lista.

Por lo tanto, las columnas (o campos, para utilizar el lenguaje de las bases de datos) tendrán que estar etiquetadas de forma que identifiquen de forma unívoca cada uno de los campos, y cada uno de ellos deberá contener datos del mismo tipo. En pocas palabras, el cuadro que vamos a crear debe ser rígido y extremadamente detallado. Sólo estructurando las tablas de este modo podremos utilizar las funciones de base de datos de Excel.

La otra desventaja son las funciones. Aunque, como hemos escrito antes, son fáciles de entender en su uso, no tienen la potencia de una consulta, y las búsquedas que podemos hacer se limitan a las doce funciones de Excel.

Teniendo en cuenta que las tablas de Excel se utilizan para una gran variedad de temas, probablemente uno podría encontrarse en la situación de no tener un propósito para utilizarlas. Por lo tanto, ya en la fase de diseño, hay que abordar de una vez si nuestra tabla debe ser tal o convertirse en una lista (o base de datos).

Tablas dinámicas

1. Introducción a las tablas dinámicas

Il più delle volte capita che le informazioni di cui abbiamo bisogno vengano estratte da un semplice confronto fra dati omogenei riferiti a momenti o a contesti diversi: ad esempio capita sovente che gli uffici commerciali delle aziende paragonino i risultati delle loro vendite di un determinato periodo con quello del periodo identico ma dello scorso anno. Quando ci troviamo nell'esigenza di fare un confronto di questo tipo, si dimostra decisamente comodo e utile lo strumento chiamato *tabella Pivot.*

Credo che mai in questo caso sia opportuno soffermarsi sul nome di questa tabella poiché può aiutare a comprenderne meglio la sua funzionalità e il suo essere all'interno di Excel. Pivot è un termine mutuato dallo sport, ed in particolare dalla pallacanestro, con il quale si individua un giocatore, particolarmente alto, su di cui va a vertere e poggiare non solo l'intero gioco nella sua fase offensiva ma anche di recupero palla nel caso questa finisse a rimbalzare sul tabellone di gioco.

Ora proviamo a adattare tale definizione ad una tabella.

Una tabella Pivot ci permette di predisporre i dati in modo da poterli raffrontare fra loro a gruppi, ruotando di volta in volta un gruppo di riferimento proprio come fanno i Pivot, in modo tale da fungere da cardine e può essere scelto fra i vari dati che abbiamo di fronte. Di fatto possiamo considerare la tabella Pivot come una sorta di tabella riassuntiva.

L'utilità di questo tipo di tabelle deriva dal fatto che nelle imprese, i sistemi informatici che vengono usati per la gestione, sono in grado di produrre facilmente grandi quantità di dati in formato grezzo ricavabili dalle loro basi di dati e messi così a disposizione dei singoli uffici. Pertanto, chi riceve questi dati si trova davanti ad una miniera di potenziali informazioni che possono essere estratte solo grazie all'utilizzo delle tabelle Pivot che ci permettono la selezione di questi dati.

13. Creación de una tabla dinámica

Sólo partiendo de un rango de datos, o de una tabla estructurada, podemos empezar a construir nuestra tabla dinámica. Debemos aclarar de inmediato que la construcción de una tabla de este tipo no es sencilla ni intuitiva, ya que los elementos necesarios para componerla son numerosos y complejos, por lo que debemos comprender bien las características de esta herramienta de Excel para poder utilizarla e interpretarla en lo que respecta a la parte de análisis de datos.

Empecemos pues por un ejemplo muy sencillo, construyendo una tabla dinámica para analizar los datos que aparecen en la tabla de la

figura 11.1

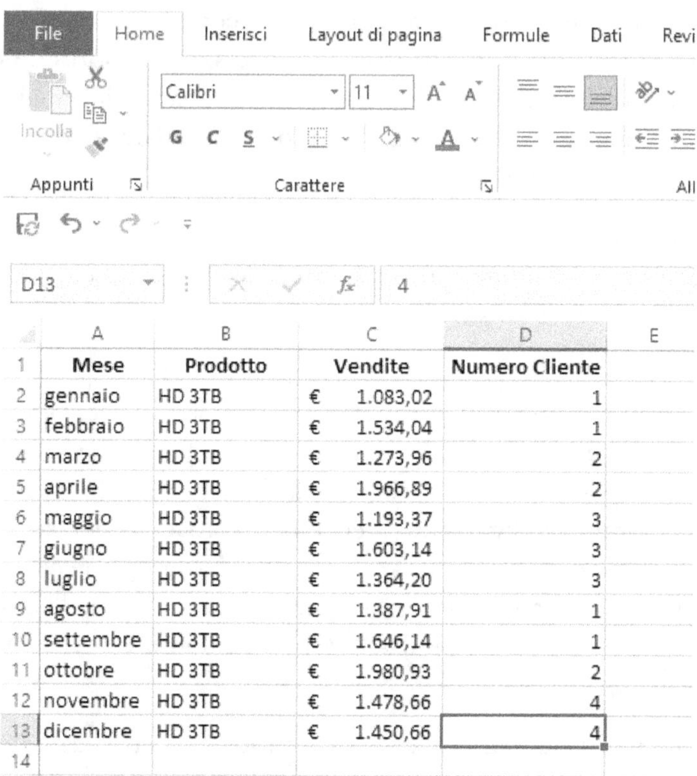

	A	B	C	D
1	Mese	Prodotto	Vendite	Numero Cliente
2	gennaio	HD 3TB	€ 1.083,02	1
3	febbraio	HD 3TB	€ 1.534,04	1
4	marzo	HD 3TB	€ 1.273,96	2
5	aprile	HD 3TB	€ 1.966,89	2
6	maggio	HD 3TB	€ 1.193,37	3
7	giugno	HD 3TB	€ 1.603,14	3
8	luglio	HD 3TB	€ 1.364,20	3
9	agosto	HD 3TB	€ 1.387,91	1
10	settembre	HD 3TB	€ 1.646,14	1
11	ottobre	HD 3TB	€ 1.980,93	2
12	novembre	HD 3TB	€ 1.478,66	4
13	dicembre	HD 3TB	€ 1.450,66	4
14				

Figura 11.1 Tabla

Al construir una tabla dinámica, suele ser una buena regla operativa organizar los datos disponiendo las columnas de forma que la primera de la izquierda represente el primer nivel de agrupación (en nuestro caso el mes), la siguiente de la derecha será el segundo nivel de agrupación (el producto) y así sucesivamente para otros niveles de agrupación que nos puedan interesar.

Evidentemente, no está obligado a organizar sus datos de la forma que le hemos sugerido, también porque puede hacerlo mediante el diseño de la tabla dinámica, pero seguir un método le permite ver de un vistazo la posible correlación que puede existir entre los datos de origen en la tabla dinámica. Además de ayudarle a asimilar una herramienta tan potente de Excel, que no es tan fácil de entender.

Recuerde siempre que cuando se trata de analizar datos, independientemente del potencial o los comandos de Excel, lo correcto es empezar por estructurar los datos y los valores de forma rigurosa y precisa. Al principio puede parecer una pérdida de tiempo, pero verás que a medida que avance tu trabajo te darás cuenta de que en realidad has ganado mucho tiempo.

Una pequeña y necesaria nota: la tabla fuente de nuestros datos puede tener campos que contengan valores calculados, es decir, fórmulas, pero no debe tener en absoluto campos con totales de columna que habrá que eliminar.

En la construcción de este tipo de tablas, se considera una conveniencia, además de una forma correcta de empezar a diseñarla, asignar un nombre a toda la tabla y a cualquier intervalo identificado por las columnas individuales (¿recuerdas, verdad, lo que se escribía en funciones de base de datos?). Para ello, basta con seleccionar la tabla, incluidas las etiquetas de las columnas, ir a la cinta de opciones y ejecutar el comando Fórmulas/Gestión de nombres/Crear a partir de selección.

Ahora tenemos que empezar a organizarlo todo en forma de tabla dinámica. Situémonos como siempre en nuestra cinta de opciones y tecleemos Insertar/Tabla dinámica, obteniendo lo que podemos ver en la ventana de la figura 11.2.

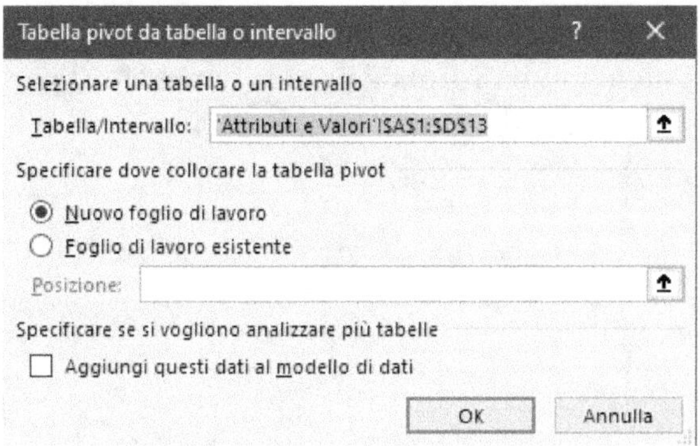

Figura 11.2 Crear tabla dinámica

Como se puede deducir fácilmente de la ventana, se nos pide que indiquemos dónde se encuentran nuestros datos especificando dónde colocar nuestra tabla, dándonos sólo dos opciones.

Una vez configurados los datos como en nuestra figura de ejemplo, nos situaremos dentro de una nueva hoja de Excel donde colocaremos lo que formalmente se denomina informe de tabla dinámica donde, dentro de la barra multifunción, veremos una nueva pestaña denominada Herramientas de tabla dinámica.

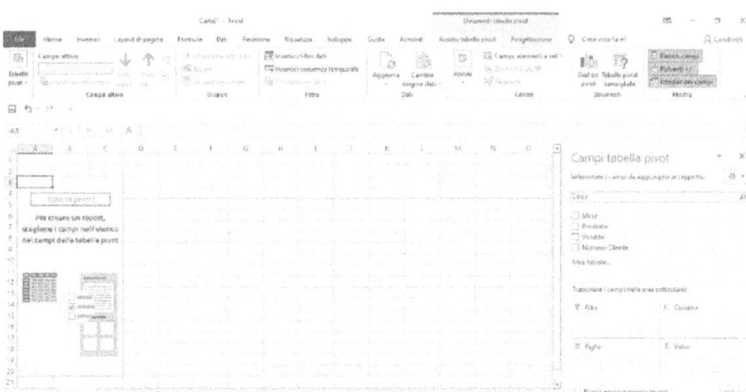

Figura 11.3 Informe de tabla dinámica

En la ventana de la derecha, llamada Campos de la tabla dinámica y donde podemos añadir los campos que nos interesan para el informe, encontramos un icono en forma de rueda dentada. Al hacer clic en él, aparece la siguiente ventana en la Figura 11.4.

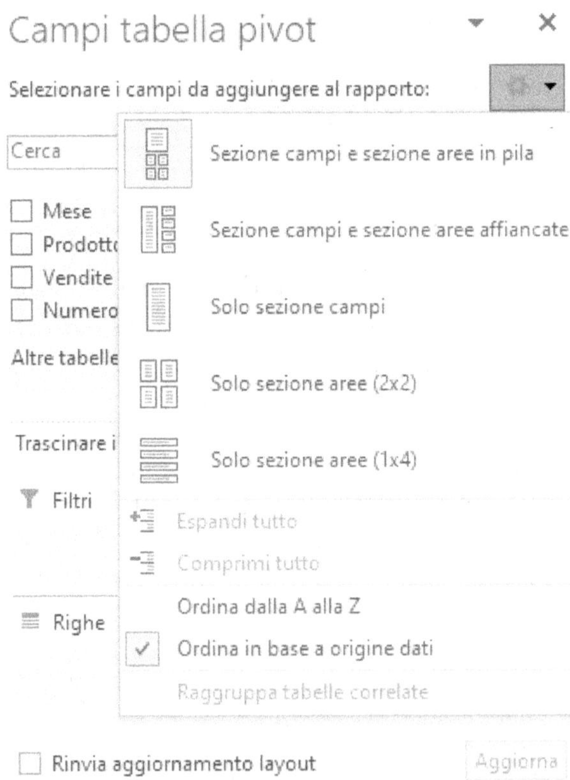

Figura 11.4 Configuración de la tabla

La ventana de la Figura 11.4 es un tímido comienzo para modificar el diseño de una tabla pivotante, que se tratará con más detalle en la siguiente sección. Baste decir que la primera sección, la llamada sección de campos y áreas de la pila, es la que se utiliza por defecto.

Con el paso del tiempo, y en función de su proyecto y de los datos en los que se centre, irá encontrando la que considere mejor configuración para su tabla dinámica.

Volvamos ahora a la ventana Campos de la tabla dinámica. Como puedes ver, los nombres que aparecen serían los de las columnas, que aquí se llaman campos como ya vimos cuando escribimos sobre las funciones de base de datos en Excel.

No es obligatorio seleccionar todos los campos, recuerde que la tabla dinámica es en realidad una tabla resumen; por lo tanto, sólo deben seleccionarse aquellos campos que sean fundamentales para nosotros y que nos permitan comprender mejor las relaciones entre valores y series de datos.

Debajo de la lista podemos ver cuatro cuadrados en los que se pueden arrastrar los nombres de los campos. Si intentamos acercar el cursor señalándolo con el ratón, se convierte en una cruz.

- formarán las cabeceras de las tablas;

- formarán las cabeceras de las filas;

- verán la entrada de campos que corresponden a columnas de valores numéricos, creando automáticamente una suma;

- tendrá dentro el campo correspondiente a la columna de datos más genérica.

Por último, encontrará la casilla Posponer actualización del diseño; si la casilla está marcada, la tabla dinámica sólo se generará cuando se pulse el botón Actualizar situado junto a ella.

La figura 11.5 muestra la tabla dinámica obtenida mediante nuestro ejemplo.

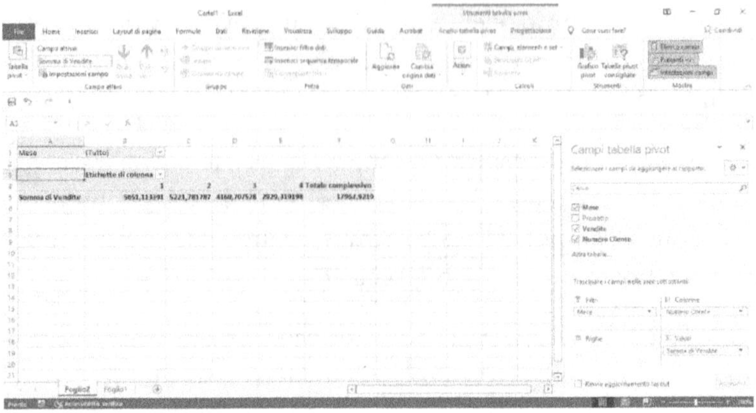

Figura 11.5 Tabla dinámica

13. Formato y diseño de una tabla dinámica

Ya hemos visto en la Figura 11.4 cómo podemos actuar sobre el diseño de nuestra tabla dinámica.

Manteniendo nuestro ejemplo de tabla dinámica, la parte central contiene los valores contenidos en la columna de ventas de la tabla de origen, desglosados por número de cliente.

Los valores correspondientes a las ventas se suman en la parte inferior de cada fila y columna.

Si quisiéramos, podríamos haber organizado los datos de nuestra tabla de origen de esta misma forma con la ayuda de los comandos que ya hemos visto: Copiar, Pegar especial y con la función SUMA(). Sin embargo, de este modo sólo habríamos obtenido una tabla estática con el inconveniente de tener que reorganizar los datos cada vez que quisiéramos examinar una combinación diferente de ellos.

La tabla dinámica, gracias a los elementos de agregación que hemos visto en las áreas de Filtros, Columnas, Filas y Valores, nos permite seleccionar los valores a mostrar, ampliando así el número de filas y columnas a mostrar en el panel central.

Aquí reside la verdadera bisagra de las tablas dinámicas, éstas son de hecho los pivotes ideales en torno a los cuales giran los datos. Precisamente, como hemos mencionado antes, lo hace el jugador Pivot durante el juego.

Una vez completada y organizada nuestra tabla dinámica, podemos, como en cualquier tabla de Excel, cambiar o mejorar el formato y el diseño. Para ello, una vez seleccionada nuestra tabla, necesitamos los comandos que emergerán de la cinta de opciones con el nombre de Herramientas de tabla dinámica. Las figuras 11.6 y 11.7 nos muestran los comandos relevantes de esta pestaña al completo.

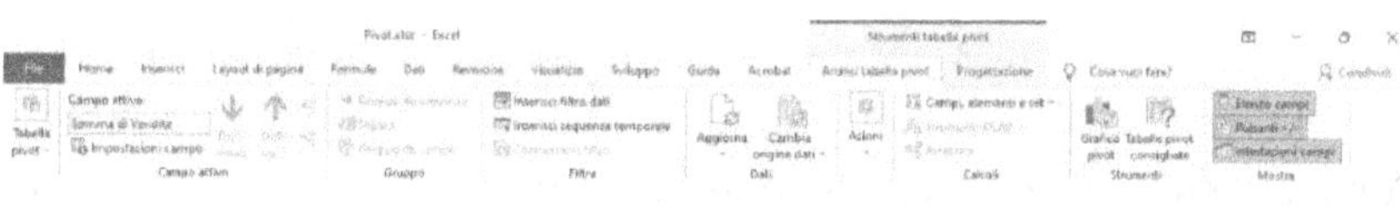

Figura 11.6 Análisis de tablas dinámicas

Figura 11.7 Diseño de tablas dinámicas

A partir de la Figura 11.6 mencionaremos los comandos más populares y los que suelen utilizarse de forma más intensiva, permitiéndonos trabajar directamente sobre los datos de la tabla dinámica.

Insertar filtro de datos nos permite utilizar un filtro de datos para seleccionar visualmente los datos. Además de datos, nos permite filtrar tablas, Tablas Dinámicas, Gráficos Dinámicos (que veremos más adelante) y funciones de cubo que veremos con más detalle en el capítulo de Excel nivel avanzado.

Insertar secuencia temporal nos permite utilizar una secuencia temporal para filtrar datos de forma interactiva. Este comando también nos permite filtrar tablas, tablas dinámicas, gráficos dinámicos y funciones de cubo.

Actualizar es un comando que puede utilizar con frecuencia. Nos permite, cada vez que cambiamos el valor de un dato en la tabla origen, encontrarlo inmediatamente actualizado en nuestra tabla dinámica. En la versión Actualizar todo, actualizará todos los datos de las celdas.

Cambiar fuente de datos permite sustituir los datos originales por los de otra tabla o secuencia de celdas. Es útil, en el caso de dos tablas, para hacerse una idea de las distintas variaciones con diferentes datos de origen.

Acciones nos permite borrar, mover o seleccionar nuestra tabla dinámica.

Pivot Chart nos permite crear un gráfico de nuestra elección inherente a nuestra tabla dinámica.

En la serie de comandos inherentes al diseño de tablas pivotantes, vamos a dar a nuestra tabla una especie de toque de artista. Un toque que mejorará nuestra visión de los datos, permitiéndonos ver relaciones o incoherencias de un vistazo.

Subtotales y Totales nos permite ver u ocultar las filas que contienen totales o subtotales.

Diseño del informe nos permite cambiar el diseño de nuestro informe.

Filas vacías permite añadir filas vacías entre cada elemento agrupado, lo que ayuda a mejorar la legibilidad.

Estilos rápidos de tabla dinámica para poner resaltes de colores, en filas alternas, en la tabla según el color que elijamos.

14. Análisis dinámico de datos con tablas dinámicas

Para apreciar plenamente la funcionalidad de una tabla dinámica, es aconsejable trabajar con una tabla de origen, es decir, la primera tabla que contiene todos nuestros datos, que contiene una buena cantidad de datos, incluyendo al menos una columna (o campo) de fechas. Ten siempre en cuenta lo que hace y cómo juega el atleta Pivot.

Agrupación de elementos de tabla dinámica

15. Agrupación manual

Para agrupar datos manualmente, simplemente seleccione el rango de celdas de interés (resalte la primera celda y luego haga clic en la última celda mientras mantiene pulsada la tecla MAYÚS si el rango es contiguo; pulse CTRL y seleccione celdas individuales si el rango no es contiguo). Ahora haz clic con el botón derecho para ver el menú de la Figura 11.8.

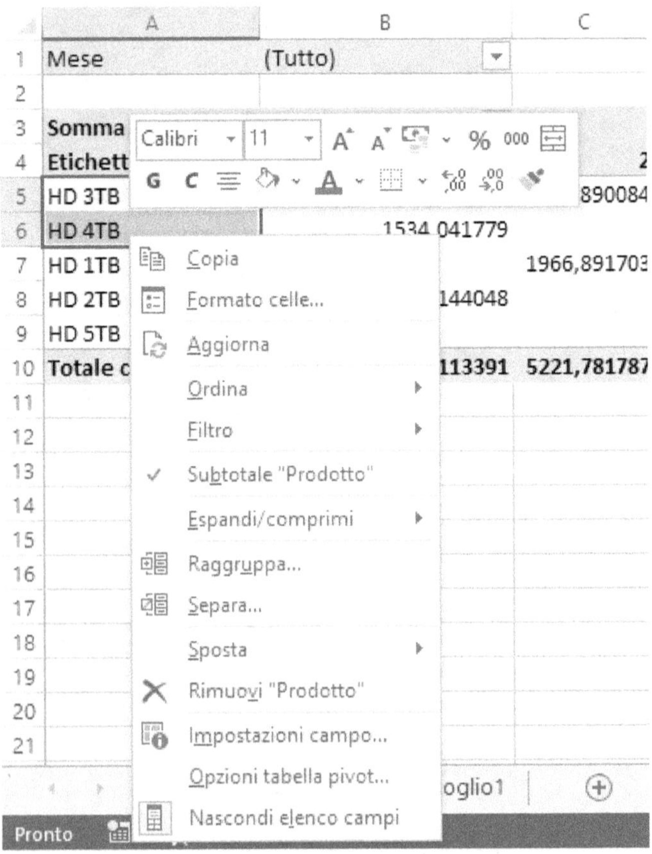

Figura 11.8 menú

Si, por el contrario, deseamos anular nuestro comando anterior y desvincular así las celdas que hemos agrupado, sólo tenemos que seleccionar el comando Desagrupar.

16. Agrupación automática de campos que contienen fechas

La agrupación por fecha es quizá una de las funciones más interesantes que ponen a disposición las tablas dinámicas, junto con una de las más interesantes en la selección de datos.

Muchas veces, sobre todo en mesas que cuidan y recogen la asistencia o la gestión de almacenes, tenemos una entrada de datos casi diaria que, si bien por un lado es muy útil, por otro puede ser demasiado detallada.

Imaginemos, por ejemplo, que nos interesa una agregación de datos mensual. ¿Cómo podemos hacerlo? Al organizar nuestra tabla dinámica, simplemente colocamos el campo (o columna) que contiene las fechas en el área denominada fila. Obtendremos entonces la columna que contiene todas las fechas de nuestra tabla dinámica, que ya podemos seleccionar pulsando sobre el icono del triángulo para activar el filtro.

Lo que nos gustaría tener, sin embargo, es una agrupación por meses, así que nos situaremos sobre cualquier fecha de nuestra columna y haremos clic con el botón derecho sobre ella, eligiendo el comando Agrupar que ya hemos visto anteriormente. Excel reconocerá la presencia de fechas y propondrá una agrupación automática, que nos permitirá ver la fecha más actual, y la menos actual, entre las distintas que aparecen en la base de datos.

Para ver la situación por trimestres, o incluso por trimestres y meses, basta con ir a la ventana de agrupación y seleccionar también Trimestres, o anular la selección de Trimestres y seleccionar Meses. Si la tabla tiene referencias temporales de más de un año, también es posible agrupar por años.

17. Agrupación automática de campos que contienen números (creación de una distribución de frecuencias)

La agrupación de números se denomina distribución de frecuencias. ¿Qué significa esto? Significa que todos los valores se dividen en clases homogéneas y nuestra tabla dinámica realiza el cálculo no sobre los valores individuales sino sobre las clases.

Suponiendo un curso de actualización para un determinado puesto de trabajo, conociendo la edad de los participantes, creamos una tabla dinámica que cuenta el número de participantes según su edad.

La edad se introdujo en las Etiquetas de fila y el nombre del curso en el área de Valores. Ahora nuestro requisito es recoger las edades en 3 bandas (20-29, 20-29 y 40-49) o en 6 bandas (20-24, 25-29, 30-34, 35-39, 40-44, 45-49) para producir una distribución de frecuencias.

Al igual que con la agrupación cronológica, haga clic con el botón derecho del ratón en cualquiera de las edades de la tabla dinámica y, a continuación, haga clic en el comando Agrupar. Excel detecta de nuevo la agrupación automática, por la presencia de valores numéricos, e indica el valor mínimo (desde) y el valor máximo (hasta). En la sección Agrupación, debemos identificar el criterio de agrupación, es decir, cada 10 (20-29, etc.) o cada 5 (20-24).

La única pega es que las clases de frecuencia deben ser similares, es decir, para mantenernos en el contexto de nuestro ejemplo, no se puede mezclar una agrupación de 5 con una de 10 (20-29, 30-34).

Al hacer esto, nuestra tabla dinámica nos mostrará el número de participantes en el curso de formación según el rango de edad que hayamos solicitado.

Clasificación y filtrado de datos

18. Ordenación de datos en una tabla dinámica

Para ordenar nuestros datos dentro de una tabla dinámica tenemos, en pocas palabras, dos formas posibles. La primera es seleccionar cualquier celda dentro de nuestra tabla dinámica que contenga uno de los valores que necesitamos ordenar. Una vez seleccionado, basta con hacer clic con el botón derecho del ratón para ver el resultado de la operación, como en la ventana 11.9.

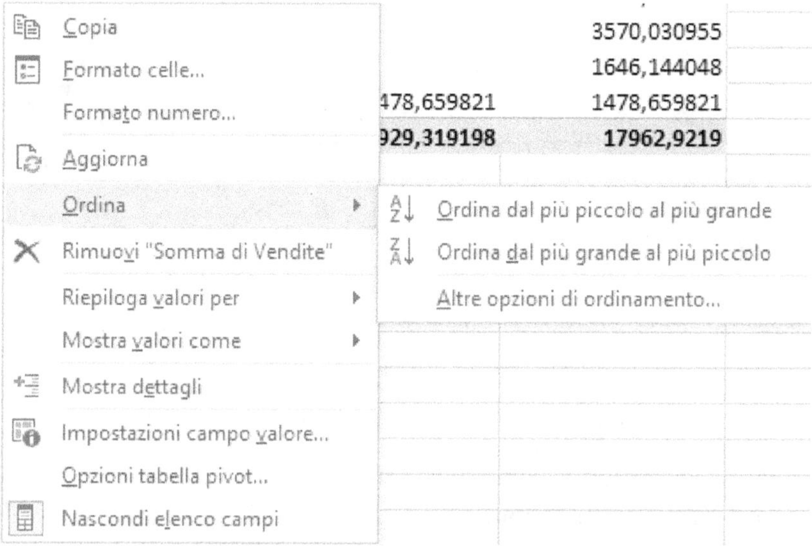

Figura 11.9 Ordenación de valores de tablas dinámicas

Aquí encontramos dos comandos que ya hemos aprendido cuando escribimos sobre cómo ordenar los datos de nuestra tabla.

Ordenar de menor a mayor nos permite distribuir nuestros valores en orden ascendente, es decir, del valor más pequeño al más grande. Si son cadenas, se distribuirán por orden alfabético de la A a la Z.

Ordenar de mayor a menor nos permite distribuir nuestros valores en orden descendente, es decir, del valor más grande al más pequeño. Si, por el contrario, son cadenas, se distribuirán en orden alfabético inverso, es decir, de la Z a la A.

Otras opciones de ordenación nos permiten abrir y mostrar la ventana de la figura 11.10.

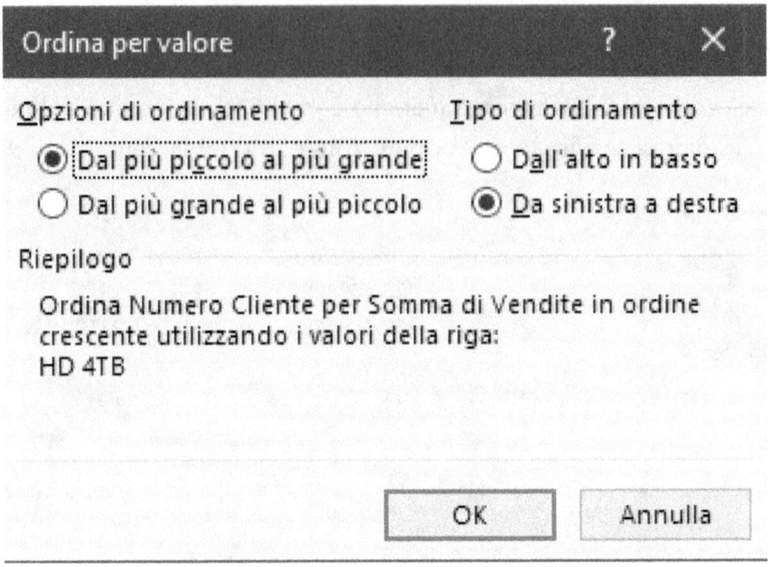

Figura 11.10 Otras opciones de clasificación

La segunda forma, que ya hemos conocido al hablar de la ordenación de datos en una tabla, consiste en seleccionar la pestaña Datos de nuestra cinta de opciones y, a continuación, seleccionar el comando Ordenar de la sección Ordenar y filtrar.

19. Filtrado de tablas dinámicas con el filtro de informes y el filtro de datos

El filtro de informes nos permite tener una distribución única de nuestros datos, en función del campo de interés, a lo largo de la distribución temporal, creando, en función de cada intervalo de tiempo, una tabla en cada hoja de cálculo.

Para lograr esto, necesitamos seleccionar nuestra Tabla Dinámica y, dentro de Herramientas de Tabla Dinámica, elegir Análisis de Tabla Dinámica yendo al comando Tabla Dinámica en el extremo izquierdo, aquí elegir Opciones y hacer clic en Mostrar Páginas de Filtro de Informe.

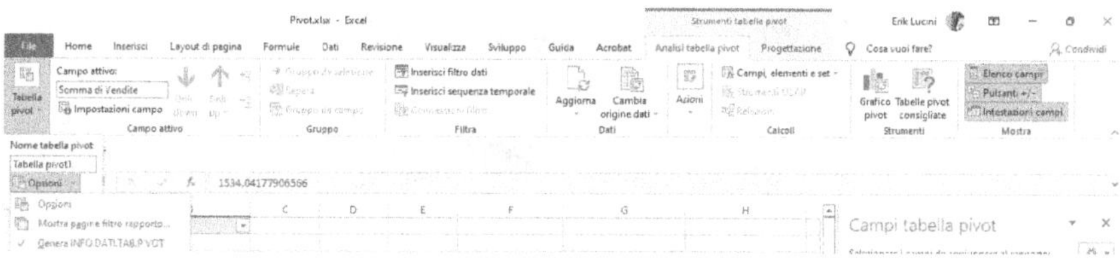

Figura 11.10 Filtro de informes

Una vez que hayamos seleccionado Mostrar páginas de filtros de informes, aparecerá la ventana que se muestra en la Figura 11.11.

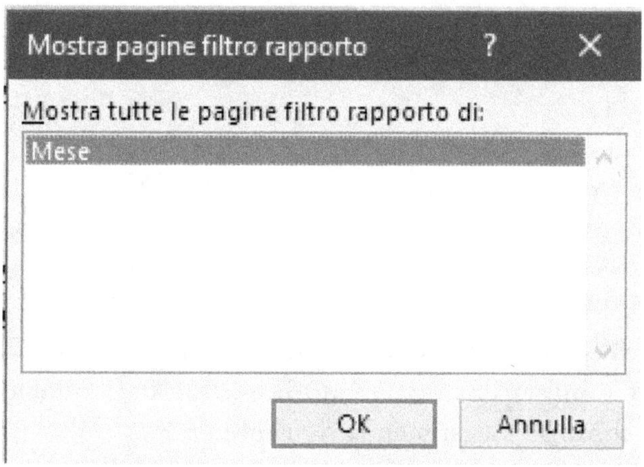

Figura 11.11 páginas de filtro de informes

Seleccionamos el campo que nos interese, en nuestro ejemplo es Mes, y tras pulsar el botón Aceptar, en la barra de herramientas, la que se encuentra en la parte inferior de la hoja de trabajo, donde hay pestañas que identifican los nombres de nuestras hojas de trabajo, aparecerán las pestañas con los nombres de los meses, en nuestro caso, dentro de las cuales estará la tabla resumen relativa al mes que nos interesa.

El filtro de datos, por su parte, funciona de la siguiente manera: tras habernos situado en la pestaña Herramientas de la tabla dinámica, seleccionamos el comando Insertar filtro de datos para obtener, como en la figura 11.12, una ventana que contiene los campos que nos interesa filtrar.

Figura 11.12 Filtro de datos

Una vez seleccionado el campo o campos que deseamos filtrar, sólo tenemos que pulsar el ya conocido botón ok para obtener nuestro filtro tal y como se muestra en la siguiente figura.

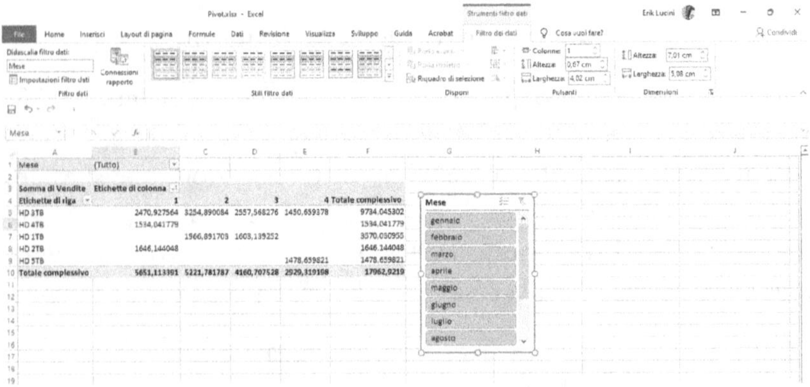

Figura 11.13 Filtro de datos final

Tras seleccionar el campo o campos de nuestro interés, aparecerá junto a la tabla la ventana que contiene el filtro. Al hacer clic en cada entrada individual, nuestra tabla dinámica mostrará sólo las filas que nos interesen en función de lo que hayamos seleccionado, ocultando, por supuesto, las demás filas que no nos interesen y que no entren dentro de nuestra selección. En nuestro ejemplo será por meses.

Una característica clave de este filtro es que una vez activado da lugar a una nueva pestaña llamada Filtro de datos donde podemos realizar ciertas y diversas operaciones. En primer lugar, podemos cambiar el tamaño de la ventana que contiene el filtro. Podemos cambiar el estilo de nuestro filtro variando los colores para una mejor legibilidad de nuestros datos. Podemos, un comando poderoso e importante, cambiar la configuración de nuestro filtro.

Para ello, basta con seleccionar el comando Configuración del filtro de datos situado en la parte superior de nuestra cinta de opciones para obtener la siguiente ventana de opciones.

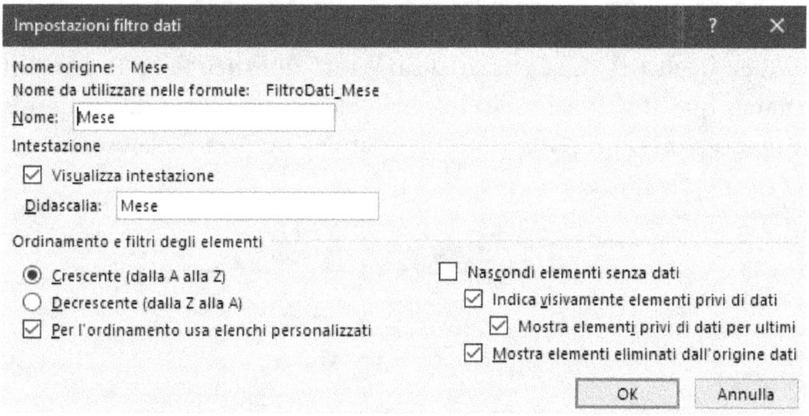

Figura 11.14 Opciones de filtro de datos

No nos detendremos en las opciones que contiene esta ventana, ya que, por una parte, son fácilmente intuibles y, por otra, ya las hemos conocido al hablar de la clasificación de los datos.

Hay que tener siempre presente, en este caso más que en otros, la gran potencia de Excel también en cuanto a configuraciones y ajustes que hacen que sus filtros sean tan adaptables como si de ropa a medida se tratara.

Nuestro consejo es que experimentes varias veces con los filtros, aunque al principio tendrás tablas con pocos datos y te parecerá inútil, pero en realidad pronto te darás cuenta de su esencialidad, y no sólo con respecto a la tabla dinámica, sino a la hoja de cálculo en general.

Creación de un gráfico dinámico

Las tablas dinámicas tienen su propio conjunto de herramientas gráficas que facilitan enormemente la creación y visualización de un gráfico de los datos que contienen.

Para ello, basta con seleccionar nuestra tabla dinámica, ir a la pestaña Herramientas de tabla dinámica, elegir Análisis de tabla dinámica y hacer clic en el comando Gráfico dinámico situado en el extremo derecho de nuestra cinta.

Una vez hecho esto, se materializará ante nuestros ojos la siguiente ventana, que nos permitirá elegir el gráfico que consideremos más adecuado para representar nuestros datos y nuestra tabla dinámica.

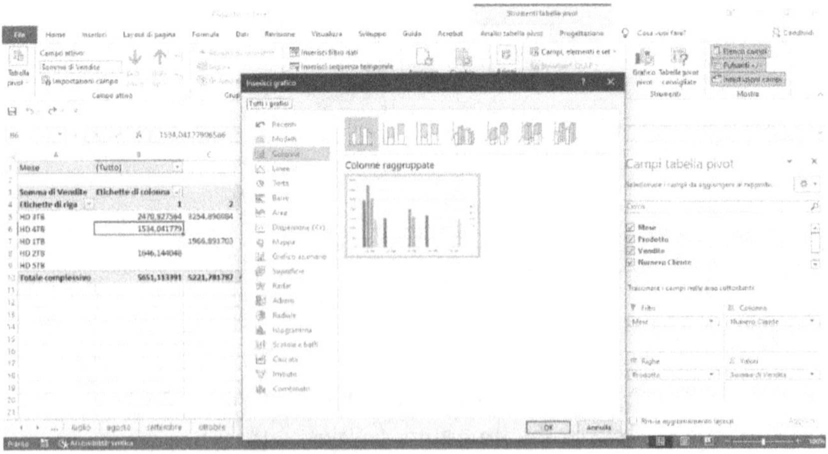

Figura 11.15 Gráfico dinámico

Una vez elegido el gráfico, basta con hacer clic en el botón Aceptar para que se muestre inmediatamente el gráfico elegido.

Al seleccionar el gráfico aparecerá una nueva pestaña dentro de nuestra cinta de opciones llamada Herramientas de gráficos dinámicos que se dividirá en tres subpestañas llamadas Análisis de gráficos dinámicos, Diseño y Formato.

A través de estas subpestañas podrás editar cada una de las partes de nuestro gráfico. No nos detendremos en ello porque los comandos que verás ya los hemos aprendido en otras áreas, pero aun así merece la pena destacar la extraordinaria potencia y ductilidad de una herramienta como los Gráficos dinámicos en la que Excel nos da total libertad a la hora de poder modificar cada elemento individual.

Incluso en el caso de la tabla dinámica, Excel muestra su gran ductilidad en el campo de la representación gráfica de valores. Independientemente de cuáles sean nuestras preferencias en cuanto a gráficos, debemos recordar siempre que un gráfico no es más que una herramienta para visualizar nuestros datos; por lo tanto, debemos ser sagaces y certeros en nuestra elección, basándonos únicamente en lo que creamos que es mejor para representar nuestra tabla y nuestros valores en general.

Como ya hemos mencionado al hablar de los gráficos en el capítulo correspondiente, cada uno de ellos tiene sus propias peculiaridades que nos ayudan a resaltar mejor las relaciones que deseamos destacar del análisis de nuestros datos.

Por desgracia, la perfección no es de este mundo, y las tablas dinámicas tienen algunas limitaciones. Pecaríamos de presunción si no los mencionáramos también. Hay que decir, sin embargo, que para el usuario medio son cuestiones que no afectan lo más mínimo a su trabajo.

Como ya hemos aprendido a estas alturas, las tablas pivotantes permiten al usuario utilizar una única tabla de datos de origen. Esto está bien para conjuntos de datos muy sencillos con sólo unos pocos campos y de los que necesitamos extraer información muy simple, pero a medida que nuestro proyecto crece, y con él nuestras ambiciones de saber qué puede haber detrás de las relaciones en nuestros datos, se convierte muy rápidamente en una limitación.

Por regla general, es muy habitual que los datos de origen estén divididos en varias tablas, sobre todo si se obtienen los datos de un programa de base de datos (como ya hemos escrito en otras ocasiones, una base de datos funciona según el principio de las relaciones entre varias tablas). Si los datos están divididos en diferentes tablas, resulta difícil utilizar tablas dinámicas. Además (y más recientemente con la llegada de la computación en nube y las redes sociales) las personas adquieren datos en distintos lugares y desean comparar estos datos como si fueran uno solo.

Por lo tanto, el usuario de Excel debe utilizar VLOOKUP (o similar) para reunir los datos en una única tabla antes de poder crear una tabla dinámica. Por lo tanto, podemos entender cómo esto acaba siendo un problema para el rendimiento, el trabajo de configuración y el esfuerzo de mantenimiento.

Tenga siempre en cuenta que Excel sólo puede almacenar 1 millón de filas de datos; por lo tanto, podemos desechar la idea de intentar utilizar tablas dinámicas en conjuntos de datos muy grandes. (En realidad, es posible conectar tablas dinámicas estándar a un cubo de datos de Analysis Services, pero esto requiere una infraestructura de TI costosa y esfuerzo para crear y mantener, por lo que no se considera factible para el usuario medio de Excel).

Mucho antes de llegar al límite de 1 millón de filas, Excel empezará a funcionar muy mal, sobre todo si tiene muchos VLOOKUPs, etc. Excel no está optimizado para procesar grandes bases de datos.

Así que, para utilizar un resumen extremo, las tablas dinámicas son estupendas para la visualización, siempre y cuando los datos estén optimizados para aprovechar la potencia de las tablas dinámicas.

¿Hay alguna forma de frenar estas limitaciones? Sí, y se tratará en un próximo capítulo sobre Power Pivot.

Excel nivel avanzado

Power Query

Power Query es una herramienta de inteligencia empresarial, es decir, un conjunto de procesos empresariales para recopilar datos y analizar información estratégica, disponible en Excel que permite importar datos de distintas fuentes y, a continuación, limpiarlos, transformarlos y remodelarlos según sea necesario.

Para entender mejor qué es Power Query, es importante decir unas palabras sobre el business intelligence al que, fundamentalmente, debemos el nacimiento de herramientas como power query y power pivot.

La inteligencia empresarial combina el análisis empresarial, la minería de datos, la visualización de datos, las herramientas e infraestructuras de datos y las mejores prácticas para ayudar a las organizaciones a tomar decisiones más basadas en datos. En la práctica, sabrá que dispone de inteligencia empresarial moderna cuando tenga una visión completa de los datos de su organización o empresa y los utilice para impulsar el cambio, eliminar ineficiencias y adaptarse rápidamente a los cambios del mercado o de la oferta.

La inteligencia empresarial tradicional, con mayúsculas y todo, surgió originalmente en la década de 1960 como un sistema para compartir información entre organizaciones. Siguió desarrollándose en los años 80 junto con los modelos informáticos para la toma de decisiones y la transformación de datos en información detallada, antes de convertirse en una oferta específica de los equipos de BI (acrónimo de Business Intelligence) con soluciones de servicios basados en TI.

A la luz de lo que hemos aprendido sobre Business Intelligence, ya podemos hacernos una idea de la extraordinaria utilidad de una herramienta como Power Query.

Power Query es una herramienta ETL (Extract, Transform, Load) de autoservicio que funciona como un complemento de Excel. Permite a los usuarios extraer datos de diversas fuentes, manipular los datos especificados de una forma que se ajuste a sus necesidades y cargarlos en Excel.

En pocas palabras, Power Query le permite hacer lo siguiente:
- Descargue datos en Excel desde casi 40 fuentes diferentes, incluidas bases de datos como SQL, Oracle, Access, Teradata, sistemas ERP corporativos como SAP, Microsoft Dynamics, servicios de Internet como Facebook, Google Analytics y casi cualquier sitio.

- Recopila datos de archivos de todos los tipos de datos básicos, como XLSX, TXT, CSV, JSON, HTML, de forma individual o masiva, de todos los archivos de la carpeta especificada. Los libros de Excel pueden descargar automáticamente los datos de todas las hojas al mismo tiempo.

- Elimine los datos definidos como "basura": columnas o filas de más, repeticiones, información de servicio en la "cabecera", espacios de más o caracteres no imprimibles, etc.
- Ordena los datos: corrige mayúsculas y minúsculas, numera como texto, rellena los espacios en blanco, añade la cabecera de tabla correcta, desmonta el texto que se pega a las columnas y vuelve a unirlo, divide los datos en componentes, etc.
- Transforme las tablas de cualquier forma desarrollándolas en la vista deseada (filtrar, ordenar, cambiar el orden de las columnas, transponer, sumar totales, expandir tablas cruzadas en tablas planas y restaurar).

- Sustituir datos de una tabla a otra mediante la coincidencia de uno o varios parámetros, es decir, sustituir perfectamente la función VPR (VLOOKUP) y sus análogas.

Además de lo escrito hasta ahora y a pesar de la fuerza y complejidad de esta herramienta, Power Query no requiere el aprendizaje de ningún código específico. Esto es, sin duda, una gran ventaja para el aprendizaje de la herramienta, que es más rápido así.

Power Query es la herramienta de automatización de datos más potente de Excel. Permite al usuario importar datos en Excel a través de fuentes externas, como archivos de texto, archivos CSV, la Web o libros de Excel, por citar sólo algunas. A continuación, los datos pueden "limpiarse", prepararse y seleccionarse para nuestras necesidades.

Power Query incluye varias funciones integradas muy útiles, por ejemplo, añadir datos y crear relaciones entre distintos conjuntos de datos. Esto se denomina fusión de conjuntos de datos. También podemos agrupar y resumir datos con ayuda de la herramienta. Ni que decir tiene que es una herramienta muy útil.

También elimina la necesidad de realizar las mismas técnicas de filtrado para transformar el mismo conjunto de datos en distintas ocasiones; el usuario sólo tiene que configurar una consulta, es decir, las reglas de clasificación, una vez, y actualizar la consulta cada vez que haya que repetir la acción.

Power Query está programado para exportar datos de diversas fuentes, incluidos, entre otros, archivos de texto, libros de Excel y archivos CSV.

Cuando hay que importar adiciones a los mismos datos de origen a intervalos regulares de tiempo, por ejemplo, cada semana o cada mes, resulta difícil garantizar manualmente la correcta replicación de los datos.

Power Query ofrece la posibilidad de combinar diferentes conjuntos de datos. Los informes de ventas de cada mes pueden combinarse con los de meses anteriores especificando las instrucciones necesarias.

Una vez configurada, la consulta se almacena en el sistema y cada vez que sea necesario importar los datos y formatearlos de manera similar, se pueden repetir las instrucciones utilizando la opción de actualización. Elimina la necesidad de trabajo manual repetitivo y hace que el proceso sea más eficaz.

Permite establecer una consulta una vez y emplearla después con una actualización bastante sencilla. También es bastante potente. Power Query puede importar y limpiar millones de filas del modelo de datos para su posterior análisis. La interfaz de usuario es bastante intuitiva y está bien hecha, por lo que es fácil de usar. La curva de aprendizaje es bastante corta en comparación con otras herramientas de Excel como las fórmulas o VBA (abreviatura de Visual Basic for Application). Lo mejor es que no tienes que aprender ni utilizar ningún código para hacer nada de esto.

Los comandos de Power Query se encuentran dentro de la pestaña Datos y son los cuadros Recuperar y Transformar Datos y Consultas y Conexiones.

Para empezar a trabajar con Power Query necesitamos cambiar del rango a la tabla. Para ello, basta con seleccionar cualquier casilla correspondiente al intervalo de nuestros datos y hacer clic en el comando tabla/intervalo de la pestaña Datos de la cinta de opciones.

Aquí aparecerá una ventana mostrando el rango de nuestros datos, normalmente Excel puede identificarlos todos, si por casualidad falta alguna casilla, puedes introducirla manualmente. Después de pulsar OK, aparecerá la ventana Power Query como se muestra en la figura 12.1.

Observe que las etiquetas de las columnas formadas automáticamente representan el tipo de datos que contienen

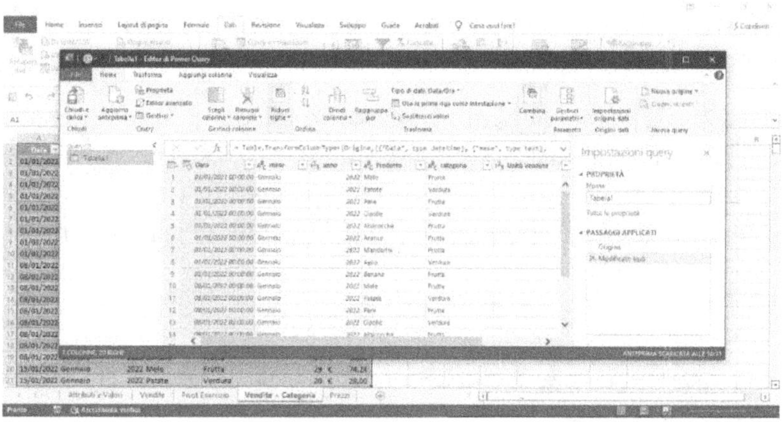

Figura 12.1 Power Query

Ahora bien, la extraordinaria ventaja de Por Query es que nos permite hacer incluso cosas sencillas con unos pocos clics. Supongamos, por ejemplo, que queremos eliminar los duplicados (es decir, todos aquellos valores que se repiten) de la columna producto. Normalmente en Excel tendríamos, como sabes, que ordenar los datos y luego eliminar los que son duplicados, o bien tener que utilizar una función larga y compleja. Con Power Query, sin embargo, podemos resolver esto en unos pocos pasos.

Primero nos posicionamos en la columna en la que queremos encontrar los valores duplicados, en nuestro ejemplo es la columna producto. Aquí, utilizando el botón derecho del ratón, seleccionamos el elemento eliminar otras columnas con el fin de aislar nuestra columna de interés. A continuación, ordenamos nuestros valores haciendo clic en el icono del triángulo situado a la derecha de la etiqueta y, de nuevo con el botón derecho del ratón, seleccionamos el elemento eliminar duplicados.

Todo en unos sencillos pasos. En eso consiste la potencia de una herramienta como Power Query.

Para hacerse una idea, basta con mirar el cuadro de pasos de configuración de la consulta aplicada que aparece a la derecha. Allí verá los pasos realizados en orden, y al hacer clic en uno de ellos volverá inmediatamente al momento en que seleccionó el paso.

Power Query, como ya hemos escrito, se puede utilizar sin conocer el lenguaje VBA (Visual Basic Application), pero esto no significa que no lo utilice. Intentemos seleccionar la pestaña Ver y, a continuación, hagamos clic en Editor avanzado. Verá la siguiente ventana en la

Figura 12.2

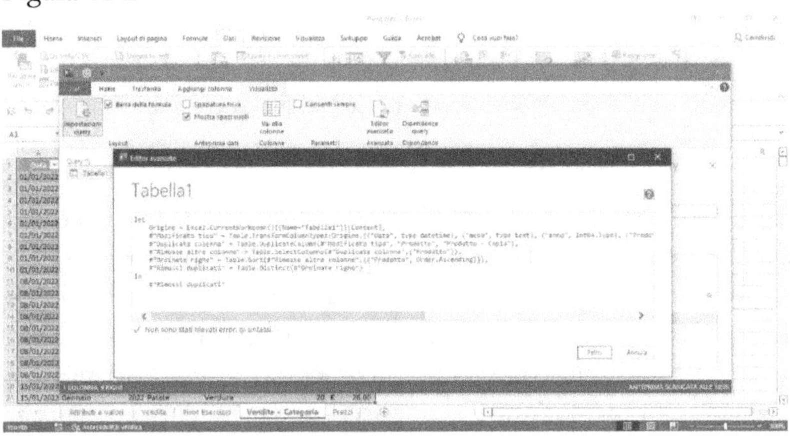

Figura 12.2 Editor avanzado.

Excel, fiel a su principio de alta configurabilidad, permite, gracias a este editor, intervenir directamente en la modificación del código, siempre que, por supuesto, se esté familiarizado con VBA.

Una vez que hayamos completado nuestro proyecto, vayamos al comando cerrar y cargar de la pestaña Inicio, en el extremo izquierdo. Aquí volveremos a nuestra hoja Excel con el resultado obtenido de Power Query como en la figura 12.3

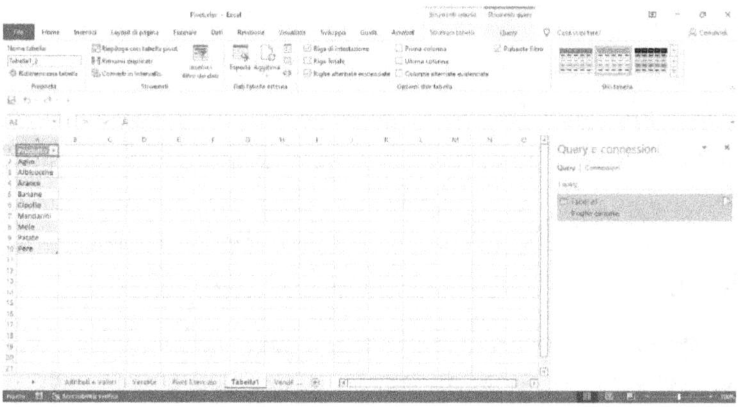

Figura 12.3 Resultado en hoja Excel

De vuelta en nuestra hoja Excel, aparecerán dos nuevas pestañas: Herramientas de tabla y Herramientas de consulta, que nos permitirán modificar el diseño de la tabla y de nuestra consulta a nuestro gusto.

Recordarás que, cuando escribimos sobre bases de datos, señalamos que Excel no podía ser ni es una base de datos porque no era capaz, como hacen las bases de datos a partir de Microsoft Access, de crear relaciones entre tablas.

Power Query, gracias al comando combinar consultas, intenta acercarse. Repito: acércate, y esto no convierte a Excel en una base de datos. Antes de concluir este capítulo, echemos un rápido vistazo a este interesante e importante mandamiento. Para activarlo, tendremos que situarnos en nuestra cinta de opciones, seleccionar la pestaña Datos y, dentro de ella, seleccionar el comando Combinar consulta que encontramos dentro del comando Recuperar datos en la parte superior de la pestaña.

Combinar consulta tiene dos opciones: Fusionar y añadir.

En Power Query, la operación Añadir crea una nueva tabla uniendo todas las filas de la primera consulta, seguidas de todas las filas de la segunda consulta. Siga los pasos que se indican a continuación para saber cómo realizar una operación de unión.

La opción Combinar, por su parte, es similar a la función JOIN de SQL. Fusionar es una forma de combinar dos consultas existentes y crear una nueva consulta.

Power Query, como hemos intentado demostrar en este capítulo, es una herramienta muy versátil y potente de la que queríamos darte una muestra. Obviamente, cuanto mayores y más complejos sean los datos, mayores serán las ventajas de utilizar Power Query.

Hablar de ella de forma completa y exhaustiva requeriría un texto aparte, pero si dispone de algo de tiempo, le recomendamos encarecidamente que se adentre en esta extraordinaria herramienta de Excel.

Power Pivot

Power Pivot es, como Power Query. Un complemento de Excel que nos permite realizar análisis de datos eficaces y crear sofisticados modelos de datos. Con Power Pivot, es posible fusionar grandes volúmenes de datos procedentes de distintas fuentes, realizar análisis de la información con gran rapidez y compartirla sin problemas.

Tanto en Excel como en Power Pivot, se puede crear un modelo de datos, una colección de tablas con relaciones. El modelo de datos representado en un libro de Excel es el mismo modelo de datos que puede mostrarse en la ventana de Power Pivot. Los datos importados a Excel están disponibles en Power Pivot y viceversa.

Como ilustración de los volúmenes de datos que Power Pivot puede mover y analizar, baste decir que puede manejar hasta 300 millones de filas de datos en bruto. Excel 2019 puede manejar hasta un máximo de 1 048 576 filas. Esta potencia también se debe al potente lenguaje de fórmulas DAX.

Este rico lenguaje de fórmulas ofrece cálculos más potentes que las fórmulas de las hojas de cálculo de Excel y muchas más opciones que las tablas dinámicas independientes.

DAX (Data Analysis Expressions) significa Expresiones de Análisis de Datos y es el lenguaje de fórmulas que hay detrás de Power Pivot. Es un lenguaje muy rico, hay muchas fórmulas y está en constante evolución. Existen dos tipos de fórmulas DAX: medidas y columnas calculadas.

Power Pivot es, de hecho, un motor de análisis de datos y, como en una carrera de relevos virtual, ocupa el lugar de Power Query que, como ya hemos visto, nos permite tomar datos de fuentes externas y modificarlos. Power Pivot modela los datos para poder realizar sobre ellos todos los cálculos que nos permitan analizar los datos con mayor precisión.

Una tabla dinámica es, por tanto, una herramienta de visualización que puede agregar datos de una fuente de datos (históricamente, una única tabla de datos de Excel) y mostrar esos datos de forma que ayuden al lector a darles sentido. La figura 13. 1 nos muestra la pestaña Power Pivot dentro de nuestra barra multifunción

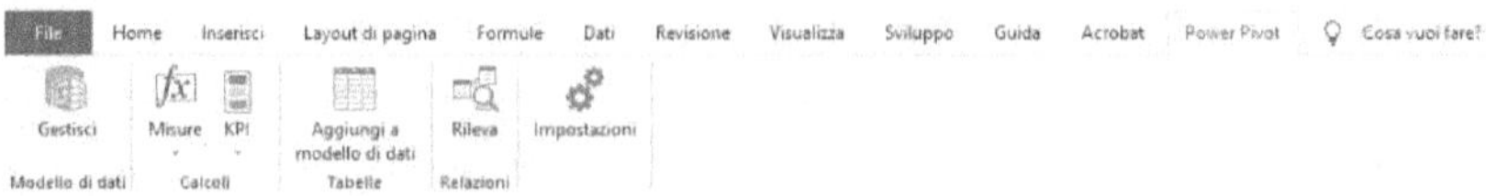

Figura 13.1 menú power pivot

Si por casualidad esta pestaña no aparece, no hay problema. Haga clic en Archivo, Cuentas y, a continuación, en Opciones. En la ventana Opciones de Excel que se abre, seleccione Datos y, a continuación, marque la línea Activar complementos de análisis de datos: Power Pivot, Power View y Mapas 3D.

Ahora la pestaña Power Pivot aparecerá en último lugar en la cinta de opciones.

Ahora seleccione el comando Gestionar para iniciar Power Pivot. Power Pivot es un motor de análisis y está estructurado para gestionar un cubo OLAP. Veremos el cubo OLAP con más detalle en la siguiente sección.

La figura 13.2 nos muestra el editor Power Pivot.

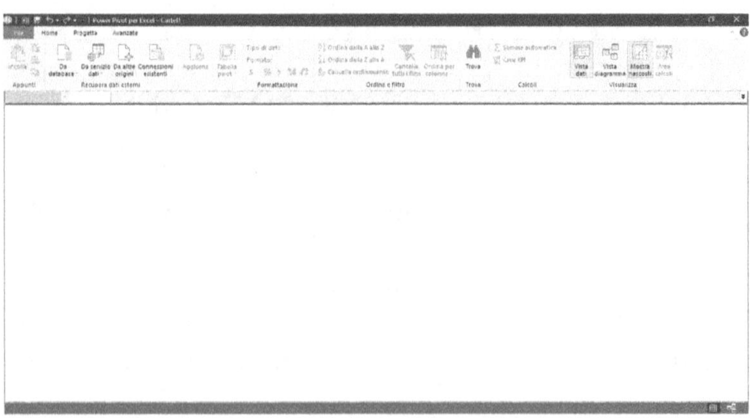

A través de este editor, que crea tres nuevas pestañas en su barra multifunción: Inicio, Diseño y Avanzado, podremos adquirir datos, crear nuestra tabla Power Pivot y trabajar en su maquetación. Atención: Power Pivot no modifica los datos de ninguna manera, si quieres hacerlo, como ya hemos visto, tendrás que utilizar Power Query.

Tenga también en cuenta que Power Pivot es una herramienta que comprime los datos, ya que no es una base de datos relacional como lo es Microsoft Access, por ejemplo. Por lo tanto, Power Pivot utiliza un motor llamado OLAP, que lo convierte en una herramienta para un usuario experimentado en el análisis de datos, ya que este motor puede manejar un rango de datos de 100 GB a Terabytes.

Ni que decir tiene que Power Pivot es una herramienta adecuada para manejar grandes volúmenes de datos, pero incluso en el caso de unos pocos, puede tener su extraordinaria utilidad gracias a su capacidad de compresión de datos, que alcanza aproximadamente 34/35 veces la de los datos visualizados en Excel.

Intentemos ahora crear nuestra primera tabla con Power Pivot. Lo primero que hay que tener en cuenta es que power Pivot no se basa directamente en un rango de celdas como ocurre, y ya hemos visto en la sección dedicada, con las tablas dinámicas. Power Pivot se añade a un modelo de datos, es decir, a toda esa área de trabajo en la que se pueden importar datos de hojas de Excel, archivos externos o incluso bases de datos.

Así que para añadir un rango de celdas al modelo de datos, simplemente abra la hoja de Excel donde reside su tabla dinámica y allí, seleccione la pestaña Power Pivot y haga clic en el comando añadir al modelo de datos en el panel de tablas.

La figura 13.3 muestra su primer Power Pivot.

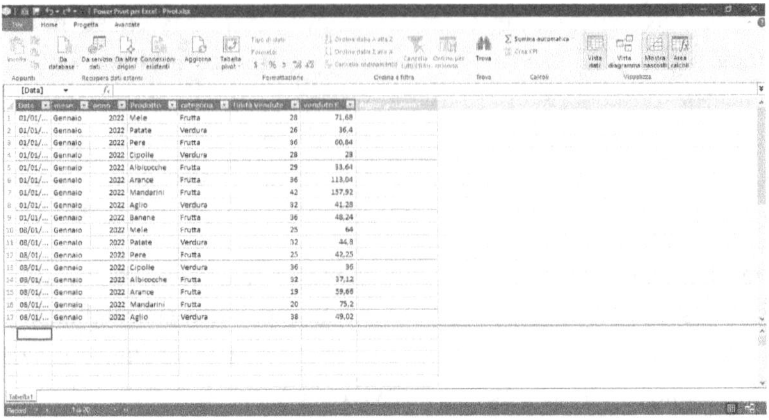

Figura 13.3 Power Pivot

Seguramente se habrá dado cuenta de que, desde un punto de vista formal y visual, nada ha cambiado con respecto a nuestra tabla dinámica. Y es que, como hemos escrito antes, la novedad de esta herramienta, y también su verdadera potencia, radica en que se apoya en una base de datos que nos ofrece extraordinarios escenarios de análisis de datos.

Mientras que este tipo de análisis de datos ya muestra su eficacia, y gracias a poder permitir relaciones entre varias tablas, Power Pivot muestra toda su potencia. No en vano, el nombre "potencia" hace referencia a esta misma característica.

Para crear relaciones entre tablas, debemos tener en cuenta unas sencillas reglas que nos ayudarán a crearlas: la primera es que cualquier relación sólo puede basarse en un único campo (¿recuerdas? Excel no es una base de datos). La segunda es que los campos que tendrán una relación deben ser del mismo tipo. Por último, la tercera es que la relación sea del tipo uno a muchos, donde una de las dos tablas debe tener como clave sin copias, el campo objeto de la relación. Tenga mucho cuidado aquí, porque si ambas tablas tienen valores duplicados, el motor de gestión del modelo de datos rechazará la creación de la relación, devolviendo un error.

Una vez dicho esto, vamos a operar directamente sobre las tablas haciendo clic en vista de diagrama en el extremo derecho de nuestra barra de menús, para obtener la vista de la Figura 13.4

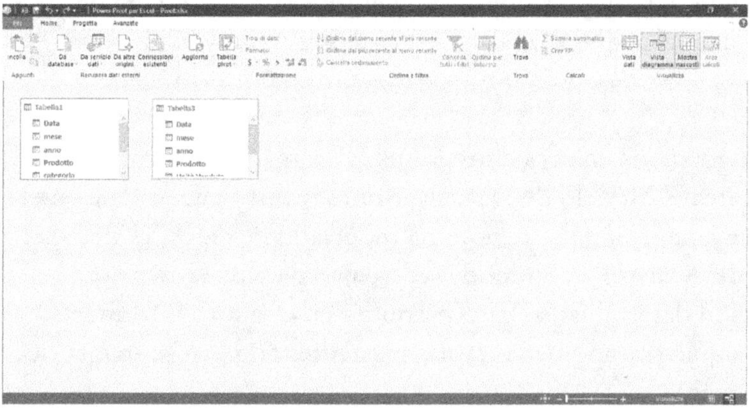

Figura 13.4 Informes Power Pivot

Llegados a este punto, y teniendo en cuenta las reglas escritas anteriormente, lo único que tenemos que hacer es, con la ayuda del ratón, hacer clic en un campo y desplazarlo al otro. Inmediatamente verá una línea negra que une los dos campos, creando lo que acabamos de llamar una relación.

Una vez que hayamos terminado de perfilar e identificar las relaciones que nos interesan, simplemente crearemos nuestra tabla dinámica, que, como veremos, esta vez tendrá algo diferente: en la lista de campos, veremos todas las tablas del modelo, y al expandirlas, aparecerá la lista de campos de cada una. Por lo tanto, existe la posibilidad de resumir los datos de varias tablas. Comienza a desplegarse toda la potencia de Power Pivot.

Ahora podemos deducir un poco cuáles podrían ser algunos principios generales para trabajar en Power Pivot:

- En primer lugar, cargue los datos en Power Pivot: puede admitir hasta 15 fuentes informáticas diferentes: bases de datos comunes (SQL, Oracle, Access...), archivos Excel, archivos de texto, feeds de datos. Además, podemos utilizar Power Query como fuente de datos, lo que hace que el análisis sea casi omnívoro y lo abarque todo.

- Se configuran los enlaces entre las tablas cargadas o, como se suele decir, se crea el Modelo de Datos, término técnico para lo que en el ámbito de la ingeniería se denomina modelado de datos, es decir, el proceso de creación de un modelo de datos para un sistema de información determinado. Esto permitirá en el futuro informar sobre cualquier campo de las tablas existentes como si se tratara de una única tabla.

- Si es necesario, se añaden más cálculos al modelo de datos con la ayuda de columnas calculadas (con este término, identificamos una columna similar con fórmulas en una tabla inteligente) y medidas (con este término, identificamos un campo calculado en resumen). Todo esto, recordemos, está escrito en un lenguaje interno especial DAX (Data Analysis eXpressions).

Los informes que nos interesan en forma de tablas dinámicas y gráficos se construyen en la hoja Excel del Modelo de Datos. Power Pivot tiene varias características que lo convierten en una herramienta única para determinadas tareas:
- En Power Pivot no hay límite en el número de filas (como en Excel). Puedes cargar tablas de cualquier tamaño y trabajar en ellas cuando quieras.

- Power Pivot es muy bueno comprimiendo datos cuando los carga en el modelo. Un archivo de texto fuente de 50 MB puede convertirse fácilmente en 3-5 MB tras la descarga.
- Porque dentro de Power Pivot se esconde, en efecto, un motor de base de datos en toda regla capaz de manejar grandes cantidades de

información con gran rapidez. Incluso podríamos llegar a analizar entre 10 y 15 millones de registros con un viejo ordenador portátil. Hagamos ahora una especie de resumen y conclusión de esta extraordinaria herramienta.

Como ya habrás adivinado, Power Pivot es una herramienta que te permite preparar tus datos de forma que puedan ser utilizados por tablas dinámicas. Power Pivot es en realidad una herramienta de modelado de datos. Power Pivot permite realizar las siguientes operaciones

1. Toma los datos de una o varias fuentes informáticas y los combina en una única fuente de datos (lo que se denomina modelo de datos);

2. Mejora los datos subyacentes para que podamos crear nuevos conceptos derivados de los datos. Así, si tenemos por ejemplo Ventas y Costes en nuestros datos fuente, podemos crear Márgenes de Ventas y Márgenes de Costes y hacer que estos nuevos conceptos estén disponibles para una tabla dinámica.

3. Los nuevos conceptos que creamos en Power Pivot son reutilizables indefinidamente en nuestras tablas dinámicas. En el Excel tradicional, es necesario crear fórmulas en celdas individuales apuntando a otras celdas de origen. Si queremos reutilizar una fórmula que hemos creado en otra hoja que no es idéntica en todos los aspectos a la primera hoja, en realidad tenemos que reescribir la fórmula. Este no es el caso de Power Pivot. En su lugar, escribimos la fórmula una vez en el modelo de datos y esto nos permite reutilizarla una y otra vez en tantas tablas dinámicas como deseemos.

4. Power Pivot comprime los datos de origen y los almacena como una base de datos dentro del libro de Excel. Esto significa que puedes almacenar 10 (incluso 100) millones de filas de datos

directamente en un libro de Excel de forma muy comprimida y con un alto rendimiento, y distribuirlos a otras personas sin que tengan que acceder a la base de datos de origen.

Por lo tanto, Power Pivot no es una tabla superpivotante porque Power Pivot no cambia la funcionalidad de las tablas pivotantes. Lo que hace Power Pivot es modificar los datos de origen para poder utilizar datos que antes no se podían utilizar y obtener mucho más de los datos utilizados anteriormente dentro de una tabla dinámica.

Al igual que Power Query, Power Pivot requeriría un libro aparte y nuestro consejo desinteresado es que, si el tiempo lo permite, lo aborde en mayor profundidad. La interacción de estas dos extraordinarias funciones de Excel permite realizar un análisis de datos notable, no sólo desde el punto de vista cuantitativo, sino sobre todo cualitativo..

Cubo OLAP

¿Qué es un cubo OLAP?

OLAP significa procesamiento analítico en línea y cubo es otra palabra para un conjunto de datos multidimensionales; así, un cubo OLAP es un espacio de gestión temporal para analizar información. Básicamente, un cubo es un mecanismo utilizado para consultar datos en estructuras dimensionales organizadas para su análisis.

Un cubo OLAP toma una estructura similar a una hoja de cálculo y tridimensionaliza las experiencias de análisis. Desglosándolo, OLAP significa datos analíticos en lugar de transaccionales y la parte de cubo de la nomenclatura se refiere al aspecto de almacenamiento.

Los cubos OLAP son básicamente bases de datos multidimensionales. Almacenan datos para su análisis y muchos productos clásicos de business intelligence se basan en cubos OLAP para acceder a la información corporativa para informes, presupuestos o cuadros de mando. Por ejemplo, un Director Financiero (CFO) puede querer generar informes sobre los datos financieros de la empresa por ubicación, por mes o por producto: éstos conformarían el tamaño de este cubo. Sin embargo, los cubos OLAP no son bases de datos relacionales de SQL Server, como lo son los almacenes de datos.

Con el cubo OLAP, pasamos del análisis de datos a la estructuración de datos; el cubo OLAP, que hemos mencionado en el párrafo anterior, es la razón técnica por la que power Pivot es capaz de gestionar casi 300 millones de filas de datos en bruto. Pero, ¿cómo lo consigue?

Básicamente, el cubo OLAP crea datos comprimidos en múltiples dimensiones agregando las medidas según los niveles y jerarquías de cada dimensión que queremos analizar, es decir, combinando varias dimensiones. En la práctica, existe la posibilidad de que el cubo se convierta también en un hipercubo. Una dimensión OLAP supone el nivel más alto en la estructura del cubo de datos OLAP. Es el elemento de metadatos que describe los indicadores económicos fundamentales de la actividad de la empresa, por ejemplo, productos, clientes, zona de ventas y periodo de tiempo, etc.

Las dimensiones OLAP ayudan a agrupar y filtrar los datos por varias razones. A continuación, esta información puede detallarse en otras jerarquías, y así es como se consigue un análisis en profundidad de los datos empresariales. Los cubos no son cubos en el sentido matemático del término porque no tienen una característica geométrica que requiere el cubo, a saber, longitudes de lado iguales. En el cubo OLAP, es posible que los lados no sean todos iguales

Un cubo OLAP no tiene que pasar por ninguna transacción porque todos los totales están precalculados, lo que proporciona un acceso instantáneo. Un cubo OLAP es una instantánea de los datos en un momento determinado, quizás al final de un día, una semana, un mes o un año concretos.

Cuando creamos una tabla OLAP (power Pivot), se crea automáticamente un cubo OLAP a partir de un modelo de datos en la memoria del ordenador. Y se utiliza para alimentar una tabla dinámica OLAP. Un cubo OLAP puede actualizarse en cualquier momento, utilizando los valores actuales de las tablas de origen. Con conjuntos de datos muy grandes, Excel puede tardar mucho tiempo en reconstruir el cubo.

La organización de los datos en cubos supera una limitación de las bases de datos relacionales, que no son adecuadas para el análisis y la visualización casi instantáneos de grandes cantidades de datos. En cambio, son más adecuados para crear registros a partir de una serie de transacciones conocidas como OLTP o procesamiento de transacciones en línea. Aunque existen muchas herramientas de redacción de informes para bases de datos relacionales, éstas son lentas cuando es necesario resumir toda la base de datos y presentan grandes dificultades cuando los usuarios desean reorientar los informes o análisis según distintas perspectivas multidimensionales, también conocidas como Slices. El uso de cubos facilita este tipo de interacción rápida del usuario final con los datos.

Se pueden aplicar otras operaciones al cubo OLAP además de las de las tablas dinámicas. Los más utilizados son drill-up, drill-down y slice-and-dice. Veamos, muy brevemente, cuáles son:

Drill-up: esta operación, también llamada roll-up del cubo OLAP, consiste en recoger todos los datos obtenibles y calcular todo en una o varias dimensiones. A menudo, esto puede requerir el uso de una fórmula matemática. Como ejemplo OLAP, podemos examinar una red minorista con puntos de venta repartidos por varias ciudades.

Para identificar patrones y anticipar futuras tendencias de ventas, los datos sobre ellas procedentes de todos los puntos se "agrupan" en el departamento principal de ventas de la empresa para su consolidación y liquidación.

Drill down: el drill down del cubo OLAP es lo contrario del drill up. El proceso comienza con un gran conjunto de datos que luego se descompone en partes más pequeñas, lo que permite a los usuarios ver los detalles. En el ejemplo de la red minorista, el analista evaluará los datos de ventas y examinará los productos individuales mejor valorados en cada punto de venta.

Rebanar y cortar: el rebanado y corte de cubos OLAP es un proceso en el que las operaciones analíticas implican dos acciones: producir un conjunto de datos específico a partir de un cubo (el aspecto de "rebanado" del análisis) y visualizarlo desde diferentes puntos de vista o ángulos. Esto puede ocurrir cuando todos los puntos de datos son capturados e insertados en el hipercubo. El analista corta un conjunto de datos de ventas del cubo OLAP. Además, se mostrará en el análisis de ventas de las unidades individuales de cada región. Al mismo tiempo, otros usuarios pueden centrarse en evaluar la rentabilidad de las ventas o la eficacia de una campaña de marketing y publicidad.

Además, hay muchas herramientas adicionales como el anidamiento, la fusión y el lector de cubos OLAP para la visualización.

Un cubo OLAP puede considerarse una extensión de la estructura de modelización que ofrece una hoja de cálculo, que aloja los datos en filas y columnas, es decir, una matriz bidimensional de datos. Un cubo puede acomodar cualquier número de matrices o dimensiones, aunque los diseñadores de cubos OLAP intentarán crear modelos que equilibren las necesidades del usuario y las limitaciones del modelo lógico.

Dos de los elementos clave esenciales de la arquitectura de cubos OLAP son:

1. Agregación de datos. Esta agregación se realiza a menudo como un proceso nocturno, especialmente si un cubo OLAP es muy grande;

2. Los diferentes conjuntos de datos (ventas, libro mayor, inventario, cuentas por cobrar, cuentas por pagar, etc.) requieren un cubo OLAP separado, ya que todos los datos de un cubo deben estar correlacionados para que puedan agregarse.

Dado que los cubos OLAP no son un almacén de datos (un almacén de datos no es más que una base de datos con funciones especiales, como la agregación para el análisis de datos)) de un servidor SQL abierto, requieren que alguien con conocimientos y experiencia los mantenga utilizando un lenguaje de modelado llamado MDX, mientras que un almacén de datos de servidor SQL puede ser gestionado por la mayoría del personal informático que tenga formación habitual en bases de datos.

Esto tiene un coste muy elevado. Una empresa necesita asignar tiempo y energía de un empleado o consultor actual para concentrarse en la gestión de cubos OLAP o contratar a un nuevo empleado, quizás a tiempo completo.

Además, los cubos OLAP tienden a ser más rígidos y limitados a la hora de diseñar informes debido a su funcionalidad similar a la de una tabla. La estética y las capacidades podrían y probablemente deberían ser importantes para una empresa que está construyendo su cartera de soluciones de inteligencia empresarial.

Como cualquier herramienta, el cubo OLAP tiene sus pros y sus contras.

Cuando se introdujo por primera vez el concepto de cubo OLAP en la década de 1990, se alabó su capacidad para consultar una gran cantidad de datos en mucho menos tiempo del que requiere un almacén de datos, ya que los datos siempre se agregan en un cubo.

Los cubos OLAP también fueron muy elogiados por tener interfaces de usuario más intuitivas que los almacenes de datos de primera generación y por manejar con facilidad cálculos complejos. Un cubo OLAP proporcionaba a las empresas información detallada sobre el funcionamiento interno de su negocio, permitiéndoles ver el "cómo" y el "por qué" de sus datos para poder hacer planes de futuro.

Pero los cubos no eran perfectos. Uno de sus principales problemas es que requieren que alguien traduzca los datos de un archivo o una base de datos relacional intermedia al formato del cubo. Por lo tanto, los usuarios experimentados deben ser capaces de escribir y dominar las fórmulas en el lenguaje MDX.

Incluso hoy en día, el uso de un cubo OLAP requiere una cantidad considerable de información y conocimientos por parte del experto en informática e infraestructura tecnológica o de consultores con formación específica en OLAP. Para las empresas de nueva creación o pequeñas, el coste de contratar a un profesional para gestionar los cubos puede ser prohibitivo.

VBA y Macro

Una macro no es más que un programa escrito en VBA (Visual Basic for Applications), un lenguaje que también puede utilizarse para crear macros o programas en otras aplicaciones de Microsoft Office.

En términos muy generales, una macro es una secuencia de acciones que pueden ejecutarse una o varias veces según nuestras necesidades.

Excel nos ofrece una herramienta, denominada grabadora de macros, que permite transformar automáticamente todas las operaciones realizadas con el ratón y el teclado en una serie de instrucciones contenidas dentro de una macro, permitiéndonos así repetir toda la secuencia de operaciones con sólo lanzar nuestra macro.

Imaginemos, para seguir en el terreno de los ejemplos, que nos encontramos en una situación de trabajo en la que a menudo tenemos que transformar el contenido de rangos de celdas que contienen fórmulas en su resultado. En términos manuales ni seleccionaremos el rango que nos interesa, daremos al comando Copiar y luego elegiremos el comando Pegado especial seleccionando valores como opción de pegado; a continuación ejecutaremos el comando Pegado especial en el mismo rango seleccionado con el comando Copiar.

Ahora creamos este proceso con la ayuda de una macro.

Tras seleccionar el rango que nos interesa, iremos a la pestaña Ver y Macro y, tras pulsar sobre Macro, ejecutaremos el comando Grabar macro.

En este punto, aparecerá la ventana Registrar macro. Aquí introduciremos un nombre para nuestra macro; es una buena práctica que el nombre elegido refleje el funcionamiento de la macro. En la casilla Tecla de acceso directo escribimos una letra cualquiera para que al teclear desde nuestro teclado la combinación CTRL + tecla elegida se inicie nuestra macro.

En el cuadro Almacenar Macros también dejamos la opción este libro de trabajo, alternativamente, una vez que te familiarices con él, puedes elegir la opción carpeta personal de macros, creando así tu propia colección personal de macros que podrás utilizar en tus proyectos. Tras pulsar Aceptar, la ventana se cerrará y a partir de ese momento, cualquier comando u operación que vayamos a realizar en nuestra hoja de cálculo, las macros de grabación lo registrarán.

Cuando hayamos terminado, basta con seleccionar el comando Macro de la pestaña vista y seleccionar el comando detener grabación.

En este punto, nuestra macro estará lista. Todo lo que tenemos que hacer para probarlo es situarnos en un nuevo rango y pulsar la combinación de teclas CTRL+ la letra que elijamos.

Puede ocurrir que la primera vez que intente crear una macro, la operación quede bloqueada por una advertencia de seguridad que impide la creación. Desgraciadamente, desde hace unos años, algunas personas han empezado a propagar virus informáticos que se incrustan en documentos de Office.

La apertura de estos documentos infectados por macros puede crear diversos problemas, desde simples bromas que sólo crean un poco de confusión o molestia hasta, por desgracia, verdaderos grandes problemas. Microsoft intervino de inmediato creando una protección antivirus para macros que se activa inmediatamente una vez instalado Excel. Así que, sin caer en una preocupación excesiva, siempre prestamos un poco de atención cuando recibimos un documento con una macro adjunta, sobre todo si procede de remitentes desconocidos para nosotros.

En lugar de grabar macros, también podemos considerar la posibilidad de crearlas directamente escribiendo sentencias VBA en el editor de Visual Basic.

Esto nos permitiría hacer una evolución más, ya que las macros no son capaces de conseguir determinados resultados.

Por ejemplo, en muchos casos podría ser útil recibir la entrada del usuario antes o durante la ejecución de una macro, o podríamos necesitar, en el caso de una impresión, asegurarnos de que las líneas con un valor igual a cero no se imprimen. O, de nuevo, puede que necesitemos una macro para manejar una función particularmente compleja o anidada (una especie de macro dentro de otra macro) que, con la macro registrada, sería imposible tener.

En este caso, necesitaremos conocer el lenguaje de programación Visual Basic for Application.

En resumen, ¿de qué estamos hablando? VBA (Visual Basic for Application) es una reelaboración de un lenguaje de programación, llamado BASIC, del que toma sus instrucciones. La complejidad del lenguaje radica en que estas instrucciones pueden, por un lado, referirse a variables (números o letras), pero también pueden utilizar objetos de Excel. Los objetos, expresados de forma muy ligera, son construcciones de programación que agregan conjuntos de datos e instrucciones, formando un todo autosuficiente.

Los objetos de Excel pueden configurarse de forma muy sencilla (piense en rectángulos, por ejemplo) o muy compleja (piense en tablas dinámicas). El libro entero, por ejemplo, se considera un objeto mientras que las celdas de Excel no lo son, los rangos de celdas sí, y esto es muy importante aclararlo. Ahora bien, los objetos que vamos a considerar tienen dos dimensiones que son fundamentales: la propiedad y el método.

Si nos encontráramos en la situación de describir un objeto que nos es familiar a una persona que no lo conoce, utilizaríamos el nombre de este objeto (propiedad) y un verbo (método). Intentemos decirlo en términos más sencillos: un coche se considera un objeto, sus propiedades corresponden a su marca y color, mientras que sus métodos son las acciones que el coche puede realizar.

Lo mismo ocurre con los objetos de Excel, que a su vez tienen propiedades que pueden caracterizarlos incluso unívocamente, y métodos que no son más que las acciones que estos objetos pueden realizar o que queremos que realicen.

Los objetos merecen ser tratados por derecho propio porque son la piedra angular de la programación moderna, definida por las siglas POO (Programación Orientada a Objetos).

En terminología informática, el conjunto de instrucciones (o filas que componen nuestra lista) escritas en un determinado lenguaje de programación se denomina código fuente.

VBA es lo que en terminología informática se denomina un lenguaje de alto nivel. Por lenguaje de alto nivel se entiende un lenguaje de programación diseñado y creado para que pueda ser comprendido y estudiado más fácilmente por los seres humanos. De hecho, en VBA se utilizan comandos tomados del inglés, lo que facilita mucho su memorización.

Los usos de este lenguaje de programación son muy amplios, y van desde la creación de sencillas macros de uso personal para un simple proyecto que necesitemos hasta construcciones mucho más elaboradas para un nivel corporativo mediante la creación de verdaderos programas basados en Excel que pueden enrutar o ampliar la potencia de cálculo y funcionamiento.

Si estás lo suficientemente intrigado, podemos ir un paso más allá, pero recuerda siempre que este no es un libro de programación VBA. Lo que obtendrá en este capítulo será sólo un primer contacto sencillo e inmediato con este lenguaje de programación.

Antes de abordar el código, y será sólo una primera lectura y código de ejemplo, por tanto nada elaborado ni sofisticado, es importante empezar a familiarizarnos con los fundamentos de este lenguaje de programación, que a continuación trataremos de ver en síntesis extrema:

Variables: las variables son letras, las más populares están tomadas del álgebra matemática, como x e y. Al escribir x=4 se asigna un valor a la variable. Debe imaginar la variable como si fuera una caja vacía que debe rellenarse con un valor o incluso con una fórmula. Recuerda: lleno.

Una variable siempre debe estar asignada, es decir, tener un valor, no puede permanecer vacía. No abuses demasiado de las variables, recuerda que tienen una asignación de memoria, es decir, ocupan un espacio determinado en la memoria del ordenador.

¿Qué nombre debo elegir para identificar mis variables? ¿Sólo x e y? Por supuesto que no, la elección de los nombres de las variables es libre, pero debes tener en cuenta algunas reglas básicas: no debes utilizar palabras básicas de VBA para identificar tus variables.

Las palabras básicas en VBA son aquellas que tienen un significado especial en nuestro lenguaje de programación y de ninguna manera pueden ser utilizadas para nombrar variables. No puedes utilizar espacios en los nombres de las variables, si necesitas separar nombres puedes alternar entre mayúsculas y minúsculas o utilizar el carácter de subrayado (_), nunca, repito nunca, utilices espacios.

Por último, como se mencionó anteriormente para otras situaciones en nuestro libro, trate de utilizar un nombre que pueda indicar lo que contiene nuestra variable o por qué se creó esta variable. Esto le ayudará no sólo a la hora de almacenar, sino también a la hora de leer el código e intervenir si hay algún error.

En cuanto a los operadores aritméticos, se utilizan los mismos que en Excel con, de nuevo importante, el mismo concepto de uso de paréntesis. Estos son los operadores:

Suma (+);

Resta (-);

Multiplicación (*);

División (/)

Lo mismo con respecto a los operadores lógicos que ya hemos encontrado en Excel para las opciones condicionales:

IF

OR

NOT

AND

TRUE

FALSE

Ahora debemos activar la pestaña de comandos de programación VBA en Excel, ya que normalmente esta pestaña no está activada en Excel por defecto. Para ello, tras crear un nuevo libro de trabajo, vaya a Archivo, active el epígrafe Otros y, a continuación, Opciones. Aquí, dentro de la ventana, seleccionamos el elemento Personalizar cinta y colocamos una marca de verificación en el elemento Desarrollo como se muestra en la figura 14.1.

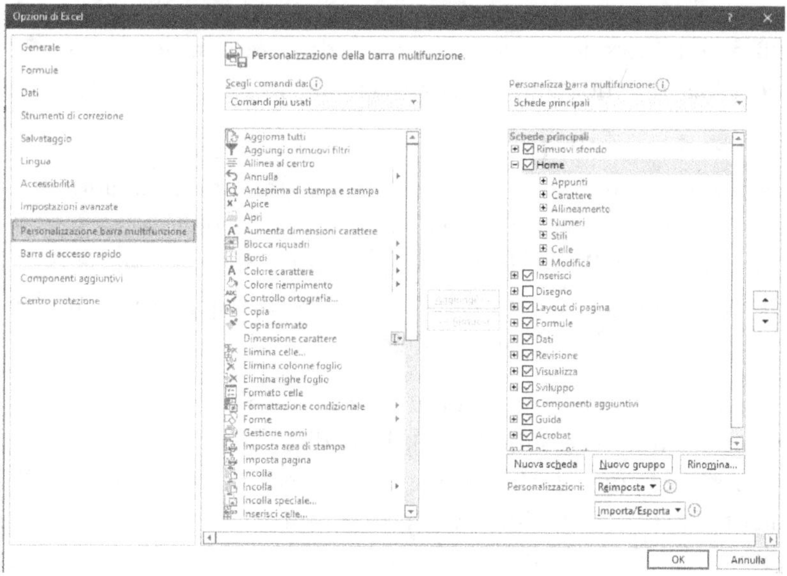

Figura 14.1 Ventana de opciones

Pulsando el botón izquierdo de nuestro ratón en el botón ok, pudimos ver materializarse la pestaña Desarrollo dentro de nuestra barra multifunción como puedes comprobar tú mismo en la figura 14.2.

Figura 14.2 Junta de Desarrollo

Ya estamos listos para abordar nuestro primer programa en VBA.

Como se ha dicho antes, este no es un libro de programación en VBA; por tanto, sólo nos detendremos en un primer y sencillo ejemplo que, como bien enseñan todos los libros de programación informática, será el ya famoso Hola Mundo.

Lo que nos gustaría hacer es despertar su curiosidad animándole a adentrarse en este lenguaje que, aparte de la terminología que puede parecer bastante hostil, tiene una buena curva de aprendizaje.

Una vez abierto Excel, seleccionamos nuestra ya famosa pestaña Desarrollo dentro de la barra multifunción. Aquí, situándonos al principio de nuestra secuencia de comandos, hacemos clic en el comando Visual Basic, lo que nos permite abrir el editor de este lenguaje de programación. El editor no es más que la ventana en la que vamos a escribir nuestro código fuente.

Una vez abierto nuestro Editor, empezamos a escribir la primera instrucción, que será Sub Hola (). Inmediatamente notará dos cosas, la primera es que el Editor escribe inmediatamente debajo de la siguiente instrucción End Sub y que tanto Sub como End están escritos en azul.

Sub es la instrucción que inicia un programa en VBA y siempre debe ir seguida del nombre que queramos darle a nuestro programa, que en este caso es Hola. End Sub, por otro lado, es la instrucción final de un programa escrito en VBA. Recuerda que siempre que escribas un programa, debes terminarlo con esta instrucción.

El color azul indica que tanto Sub como End Sub son palabras especiales y, por tanto, adoptan ese color. Me gustaría recordarte que las palabras especiales, que son típicas de VBA, no pueden tomar el nombre de ninguna variable como se mencionó anteriormente.

Una vez escritas estas instrucciones, tenemos un programa en VBA que es estructural y sintácticamente correcto, el problema es que no hace absolutamente nada. Nuestro objetivo es que el programa muestre el mensaje Hola Mundo.

Añadamos, pues, una nueva instrucción a nuestro programa, que será la siguiente:

MsgBox "Hola Mundo"

MsgBox es un acrónimo de MessageBox y su nombre completo por sí solo puede decirle lo que esta instrucción va a hacer. Como hemos escrito antes, ahora puede ver la ventaja indiscutible de un lenguaje de programación de alto nivel.

Ahora nuestro programa, debidamente completado, es el siguiente:

Sub Hola()

MsgBox "Hola Mundo"

Fin Sub

Ahora es el momento de ver el precio de nuestro esfuerzo informático. En nuestra barra del Editor, hacemos clic en el icono de un triángulo verde con el vértice mirando hacia la derecha (es el mismo icono que se utiliza en los reproductores de música para indicar el botón de reproducción).

El resultado, en todo su esplendor, será una ventana que reproducirá el mensaje que hemos insertado en nuestro código fuente. La figura 14.3 muestra el mérito de nuestros laboratorios informáticos.

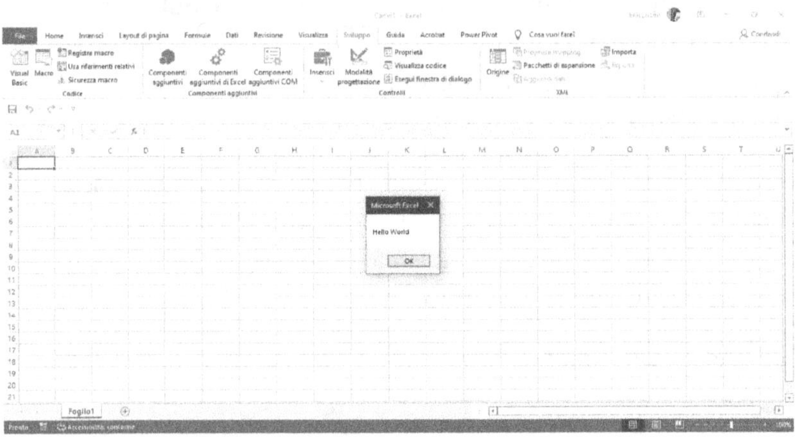

Figura 14.3 Código Resultado

Te preguntarás por qué he elegido la cadena "Hola Mundo" en lugar de "Hello World". Hay dos razones sencillas para esta elección: la primera es que el programa Hola Mundo es el estándar, como ya he escrito, para todos los lenguajes de programación.

Cualquier curso de programación en cualquier lenguaje siempre le presentará, como primer ejemplo de programación, el programa Hola Mundo. En informática, especialmente en programación, las tradiciones se construyen y se transmiten. La segunda es que, como todos los lenguajes de alto nivel, sus palabras especiales están en inglés; si te acostumbras a escribir los nombres de las variables en este lenguaje, pronto notarás que tu curva de aprendizaje de este lenguaje, pero esto es así para todos, será cada vez más rápida.

Cabe añadir que se pueden insertar frases de cualquier longitud en el código fuente escrito en VBA para poder explicar y comentar el código. Hay que señalar que comentar el código es una práctica importante y útil en programación.

Cuando nos enfrentamos a listas de código fuente muy largas, las líneas de comentario nos permiten entender en una primera lectura lo que hacen bloques de código individuales o líneas sencillas. La importante función de una operación de este tipo se enuncia rápidamente: comentar el código mejora enormemente la legibilidad de nuestro programa y nos permite, en caso de que surjan errores, rastrear inmediatamente la porción de código en cuestión o, en última instancia, añadir algunas opciones más a una función que ya habíamos incluido en nuestro programa.

¿Cómo puedo comentar el código? Para señalar las líneas de comentario al controlador sintáctico (el que comprueba nuestro código) de nuestro editor, simplemente empezamos cada línea de comentario con un apóstrofo. Nuestro editor reconocerá inmediatamente las líneas de comentario coloreándolas de verde.

Una última cosa: nuestro editor también permite crear elementos gráficos como botones y tablas, cuyo código se insertará en nuestro listado. También en este caso hay que tener cuidado de no sobrecargar el programa con demasiados elementos. Los botones y las ventanas deben elegirse siempre con prudencia.

Contrariamente a lo que podría pensarse, es posible familiarizarse con el lenguaje VBA con bastante rapidez, incluso hasta el punto de crear macros que no sean especialmente exigentes.

El consejo es que te adentres en este lenguaje de programación porque permitirá que Excel se adapte a ti como un traje a medida.

Y no sólo eso, sino que realmente llegará a dominar toda la potencia de este software, ayudándole a hacerlo aún más eficaz y completo gracias a las macros. Al aprender a programar en VBA, verá que Excel, en algún momento, parecerá haber cobrado vida.

Conclusiones

Dominar Excel definitivamente no es fácil, su estructura, su forma de 'pensar', sus construcciones requieren un esfuerzo de precisión que muchas veces se nos escapa de las teclas del teclado. Cuando parece que nos hemos acercado, Excel parece subir un poco más el listón para desafiarnos en nuestros conocimientos.

Power Queries, Power Pivots y VBA parecen despistarnos, pero nos atraen como un caleidoscopio de mil colores. Cuanto más completo se vuelve el Excel, más nos deja con la sensación de que no estamos completos.

Excel es un programa que nos exige mucho, pero a cambio nos facilita el trabajo haciéndolo rápido, preciso y ahora resolutivo.

Hoy en día, saber Excel significa saber mucho sobre automatización del trabajo, toma de decisiones basada en datos, rendimiento de valores o rendimiento de empleados. Hoy en día, este software se está convirtiendo en el corazón palpitante de la administración. Conocerla, dominarla, extenderla se ha convertido en algo esencial para la nueva organización del trabajo.

No pretendemos haberte desvelado todas las puertas dejando este programa libre de secretos, pero lo que más me ha presionado al escribir esta obra es hacerte entender cómo habla y razona Excel, qué puede hacer por ti y por tus proyectos, y dejarte con esa pizca de curiosidad para que, fuerte en tus piernas y en los conocimientos que te hemos proporcionado, te apasiones y sientas tanta curiosidad por él que sigas creciendo en estos conocimientos por tu cuenta. Un conocimiento que sólo llega a través de la comprensión.

Como dijo Albert Einstein Cualquier tonto puede saberlo. Se trata de comprender.

www.ingramcontent.com/pod-product-compliance
Lightning Source LLC
LaVergne TN
LVHW021231061026
849535LV00008B/3014